Markus Gerhard

HASTE MAL 'NE MASKE?

Markus Gerhard

HASTE MAL 'NE MASKE?

Was uns im New Normal erwartet

riva

Bibliografische Information der Deutschen Nationalbibliothek

Die Deutsche Nationalbibliothek verzeichnet diese Publikation in der Deutschen National-
bibliografie. Detaillierte bibliografische Daten sind im Internet über http://dnb.d-nb.de
abrufbar.

Für Fragen und Anregungen

info@rivaverlag.de

Wichtiger Hinweis

Ausschließlich zum Zweck der besseren Lesbarkeit wurde auf eine genderspezifische Schreib-
weise sowie eine Mehrfachbezeichnung verzichtet. Alle personenbezogenen Bezeichnungen
sind somit geschlechtsneutral zu verstehen.

Originalausgabe
1. Auflage 2021
© 2021 by riva Verlag, ein Imprint der Münchner Verlagsgruppe GmbH
Türkenstraße 89
80799 München
Tel.: 089 651285-0
Fax: 089 652096

Redaktion: Caroline Metzger
Umschlaggestaltung: Pamela Machleidt
Coverillustration: Hans Winkler
Umschlagabbildung: shutterstock.com/Peter Hermes Furian
Abbildungen im Innenteil: shutterstock.com/tam-arum, Tobias Prießner
Layout und Satz: Tobias Prießner
Druck: CPI books GmbH, Leck
Printed in Germany

ISBN Print 978-3-7423-1918-0
ISBN E-Book (PDF) 978-3-7453-1643-8
ISBN E-Book (EPUB, Mobi) 978-3-7453-1644-5

Weitere Informationen zum Verlag finden Sie unter

www.rivaverlag.de

Beachten Sie auch unsere weiteren Verlage unter www.m-vg.de

Inhalt

Vorwort

Als im März 2020 für einige wenige Wochen der erste Lockdown seiner Art auf das Volk niederkam, war dieses bereit, die scheinbar schwere Bürde von kurzfristigem Verzicht auf den Besuch der Einkaufsmeilen, das Verbringen der Abendstunden in Bars oder Restaurants und die Präsenz in den Büros auf sich zu nehmen. Es schien eine überschaubare Aufgabe zu sein, die man durch eine gemeinsame solidarische Anstrengung schnell werde lösen können. Wer ahnte denn schon (außer Dr. Christian Drosten natürlich, der auch deshalb gleich mehrfach in diesem Buch gewürdigt wird), dass Lockdowns aller Arten und Längen, Wellen auf Wellen, Mutanten gar, Inzidenzen und R-Werte den Alltag aller über Monate bestimmen würden?

Nun aber ist klar: Nach der Pandemie ist vor der Pandemie. Die dritte Impfung wird diskutiert in einem Moment, in dem viele nicht einmal die erste in sich haben, die Notbremse ist ein Gesetz, das nicht täglich neu formuliert werden wird, die Gesellschaft ist gespalten, heißt es, sämtliche Spargroschen wurden aufgelöst, auch und gerade die des Staats, das Büro, über Jahrzehnte der geliebte Ort des Schreckens, wird abgelöst vom Homeoffice: Weniger Aufwand, es zu erreichen, der Schrecken aber bleibt.

Das Leben ist gefährlich, das ist nun allen klar. Dazu braucht es gar keine Aufenthalte in »Risikogebieten«, wir sind überall von Viren, Aerosolen, Bakterien umgeben, die im Zweifel nichts Gutes mit uns vorhaben. Und doch gilt es sich in der nachpandemischen Zeit, die das New Normal genannt wird, dem Virus mutig entgegenzustellen!

In dieser Handreichung werden die wesentlichen Änderungen in bewährter alphabetischer Reihenfolge präsentiert, außerdem finden sich nützliche Listen im Vorher-Nachher-Modus. Schließlich rundet eine Übersicht über die neuen Benimmregeln, die das Virus uns abverlangt, die Gesamtschau ab.

Der Autor hofft, den Lesenden bei komplexen Fragstellungen Hilfreiches zur Verfügung gestellt zu haben und durch die Lektüre in dunklen Momenten die Seele zum Leuchten zu bringen.

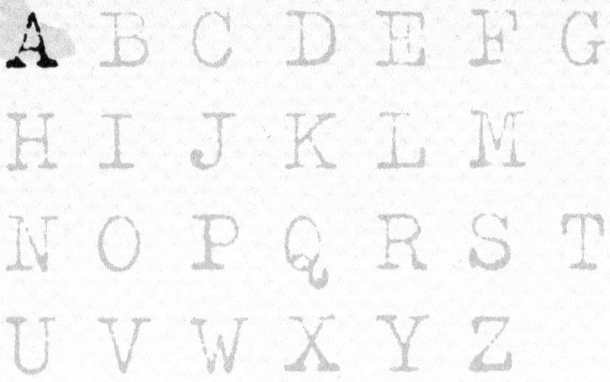

A B C D E F G
H I J K L M
N O P Q R S T
U V W X Y Z

AHA!

Eine Formel, mit der man die Pandemie-Regeln erläutern wollte. Doch kaum jemand weiß die drei Buchstaben zu deuten. Also zuerst zum Ersten:

A wie Abstand. Gemeint ist nicht der völlig überhöhte Betrag (der auch Ablöse genannt wird), den man dem Vormieter für seine Billy-Regale zahlen muss, weil der behauptet, sie seien von einem Top-Schreiner speziell in genau diese Wohnung gezimmert worden, aus massivem Ahornholz, versteht sich. Nein, gemeint ist der Abstand, den Einzelne zu anderen haben sollten.

Aber was ist der richtige Abstand? Ein Meter? Oder ist das zu wenig? Eins fünfzig, darauf schien man sich dann geeinigt zu haben. Aber plötzlich wurden es zwei Meter, die den bösartigen Teilchen in der Luft den Weg zum nächsten Opfer deutlich erschweren sollten. In Ladengeschäften wurde sowieso der

Quadratmeter, nicht der Zentimeter zum entscheidenden Abstandshalter. Aber auch in dem Fall wurden mal fünf, dann zehn, ja sogar 20 Quadratmeter pro Kunde vorgeschlagen. In Aufzügen ist eigentlich alles außer einem Einzelreisenden abstandslos, und doch finden sich auch dort unterschiedlichste Regeln.

Abstand ist aber nicht abstrakt, er ist konkret. Wer mehr wissen will, schaut also im Netz nach. Oder fragt er seinen abstandhaltenden Nebenmann? Oder hat er einen Zollstock in der Tasche und nimmt Maß? Zumindest im Einzelhandel oder in Amtsgebäuden findet man hilfreiche Abstandsmarkierungen. An die sich auch einige halten. Also, einige wenige. Es bleibt: Abstand halten, irgendwie, ist besser als keiner. Aha!

H steht natürlich für die Hände, hört man. Hände schütteln? Nein, Hände waschen natürlich. Oder noch besser Hände desinfizieren? Hände sauber halten auf jeden Fall.

Wer bis hierhin ohne Einwand mitgelesen hat, zeigt, dass er das H eh falsch verstanden hat. Denn in Wirklichkeit steht es für: Hygieneregeln beachten. Alle, die das wussten, kriegen eine Eins! Was aber sind denn eigentlich diese Hygieneregeln?

Die wichtigste: immer schön die Hände waschen. Im Ernst! Und nicht in die Hände niesen. Es geht also beim H doch um die Hände, aber Hygieneregeln, dafür steht es eigentlich. Also zugegeben, das Missverständnis beim H führt dennoch zu den richtigen Schlüssen.

Zum letzten A. Die, die sich eben eine Eins geholt haben, können die das spontan beantworten? A steht für ... na?

Es steht für einen Begriff, den wirklich überhaupt keiner benutzt: Alltagsmaske. Was soll das sein? Gibt es möglicherweise analog dazu auch eine Sonntagsmaske, eine Festtagsmaske, die sich in Form und Farbe von der Alltagsmaske unterscheidet? Die Alltagsmaske ist eine echte Worterfindung, die es niemals in den Kanon der deutschen Sprache schaffen wird. Zumal man sich bei der Bezeichnung ohnehin nicht einig ist: Die Durchsagen in der Bahn nennen sie »Mund-Nase-Bedeckung« (im Alltag oder immer?), Ladeninhaber schreiben einfach »Maske«, und wenn es darauf ankommt, sprechen alle von der »chirurgischen oder FFP2-Maske«. Der Begriff »Alltagsmaske« wird also nie benutzt. Außer in der AHA-Regel.

Dann erkannte man, dass diese drei Buchstaben nicht ausreichten und ergänzte ein L: AHA+L. AHAL wollte man vermeiden und empfand wohl das + als irgendwie eleganter. Immerhin, die Bedeutung war jedem klar, auch schon vor der Formel: Lüften sollte man.

AHA+L reichte den Verantwortlichen bald aber auch nicht mehr. Die App wurde eingeführt. Und die sei von allen zu benutzen, hieß es. Also musste man die AHA+L-Formel noch einmal erweitern. Bloß wie?

Die Bundeszentrale für gesundheitliche Aufklärung fackelte nicht lange und nahm das (durchaus naheliegende) A (für App) dazu. Das wurde nun der Addition ebenfalls beigefügt, die einfache Formel für den Hausgebrauch hieß jetzt also: AHA+L+A. Ein Zungenbrecher, zumal keine Informationen existieren, ob das + mit ausgesprochen werden muss.

Aber man stelle sich eine Demonstration vor, gegen das Virus, oder gegen die Maßnahmen gegen das Virus, oder gegen die Maßnahmen gegen die Maßnahmen gegen das Virus. Und dann stellt sich die Polizeibrigade in den Weg, holt ihre Ordnungswidrigkeits-Zettelchen hervor und sagt: »Sie haben sich nicht an die Aha-a-und-el-und-a-Regel gehalten. Kostet 50 Euro!«

Jeder Anwalt würde einen da aber eh rausholen können. Denn: Im Beschluss von Bund und Ländern entschied man gegen die Bundeszentrale für gesundheitliche Aufklärung. Man wollte nicht das A für App, sondern das C für Corona-Warn-App. Also ein geschmeidiges AHA+L+C. Mit dieser wohlklingenden Formel wollte man das Volk in schneller und einprägsamer Art an all das erinnern, was sich im Verhalten während der Pandemie ändern muss. Schnell und nicht ganz deutlich ausgesprochen klingt diese Buchstabenreihe ohnehin wie »Alk«. Und den braucht man auch, wenn man sich dieses Durcheinander anschaut.

Die Wiener haben sich's da einfacher gemacht. Dort lautet die Formel OIDA: Obstond hoitn, Immer d'Händ' woschn, Daham bleiben und A Maskn aufsetzn. Auf L und C verzichten sie, aber eingängig ist OIDA in jedem Fall.

Man sieht also schon beim ersten Eintrag im Abc: Es scheint schwierig zu sein, eine Pandemie auf eine einfache Formel zu bringen. Diese jedenfalls ist alles andere als das.

Anti-Mask-League of San Francisco, die

Schon immer gibt es auch trotz vorhandenem gesundem Menschenverstand, klarsten wissenschaftlichen Erkenntnissen und erkennbaren Erfolgen einzelner Maßnahmen Bewegungen, die sich dagegenstellen und in späteren Zeiten als Beispiel dienen für irrationalen Widerstand gegen die Vernunft.

Schon 1919, als viele Millionen Menschen der Spanischen Grippe zum Opfer fielen, gab es beispielsweise eine solche Gruppierung im Westen der USA. Die Mitglieder der Anti-Mask-League waren davon überzeugt, dass Masken keinen Nutzen hätten, um die Übertragung von Viren zu stoppen. Außerdem fühlten sie sich in ihren Rechten als freie Bürger beschnitten. Sie protestierten gegen die Regierung, hier insbesondere gegen den Bürgermeister und die Chefs der Gesundheitsbehörden. Schließlich wurde die Maskenpflicht wieder aufgehoben, obwohl spätere Untersuchungen deutlich machten, dass der Einsatz der Masken trotz unbefriedigender Qualität der Stoffe sehr wohl die Verbreitung der Grippe verlangsamt hatte.

Im New Normal wird man Anti-Bewegungen aller Art rückblickend ebenfalls so oder ähnlich einzusortieren haben.

Astra, was dagegen?

Eine astraine Biermarke aus Hamburg. Inwieweit die Wirkstoffe einer Dose Astra und einer Dose AstraZeneca vergleichbare Schutzqualität entwickeln, bleibt den Ergebnissen der Forschung überlassen. Angeblich laufen parallel Untersuchungen beim RKI und beim IMB (Institute of Masters of Beer). Man darf gespannt sein.

Im New Normal wird man sich so oder so wieder mehr mit dem Original Astra beschäftigen, insbesondere, weil im Millerntor-Stadion wieder vor Fans gespielt wird.

Außengastronomie, die

Der Biergarten, die Terrasse, der Gastgarten, der Innenhof: Seit jeher war es in vielen Restaurants möglich, sich auch außerhalb des jeweiligen Gebäudes zu setzen und das Mahl dort zu sich zu nehmen.

Seit der Pandemie weiß man, dass diese Bereiche Außengastronomie genannt werden. Die Ungefährlichkeit der Außengastronomie wurde betont, selbst die allerbesten Hygienekonzepte in den Innenräumen hatten da keine Chance. Sehr gerne vermieden Restaurants auch, ihre Plätze draußen zu reservieren. Das hat sich zum Glück großenteils geändert.

Auch geändert hat sich während der Pandemie der Brauch, sich als neuer potenzieller Gast ohne Reservierung wild entschlossen in den Gastraum zu begeben, jeden Tisch und die an ihm sitzenden Gäste zu scannen, um wahrscheinlich in Kürze schon frei werdende Plätze zu erspähen und sie durch symbolträchtiges Danebenstellen sozusagen für sich zu reklamieren. Diese unwürdige und die sitzenden Gäste stressende Vorgehensweise ist nun nicht mehr erlaubt. Es ist ausdrücklich zu wünschen, dass das so bleibt und wartende Gäste ohne Reservierung erst dann zu einem Tisch geleitet werden, wenn dieser für sie zur Verfügung steht.

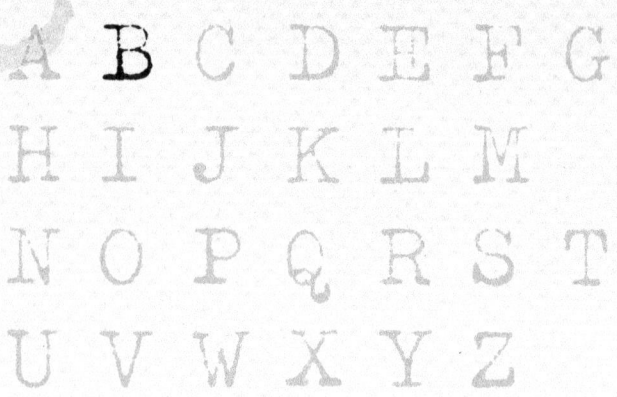

A B C D E F G
H I J K L M
N O P Q R S T
U V W X Y Z

Balcanto, das

Gerade in Zeiten von Vereinsamung, Versammlungsunfreiheit und Ausgangsbeschränkungen aller Art ist die zur Wohnung, zum Haus gehörige Freifläche in Form einer Terrasse, eines Gartens gar oder zumindest eines Balkons von erheblicher Bedeutung. Nur diese ermöglichte dem zu Hause Bleibenden ein kleines Momentchen frischer Luft und das Gefühl, nicht ganztags eingesperrt zu sein. Alle außerhalb der eigenen vier Wände denkbaren Aktivitäten wurden natürlich auch dahin verlagert: kochen, grillen, ausruhen, Liebe machen, lesen, Musik hören – und eben auch singen.

   In der allersten pandemischen Phase waren es insbesondere die Italiener, die das Singen, vor allem das gemeinsame Singen, zu besonderer Perfektion brachten. Allabendlich versammelten sich in vielen Städten zu abgesprochenem Zeitpunkt die Menschen auf ihren jeweiligen Balkonen und hoben an, *Azzuro* von Adriano Celentano, *Nel Blu Dipinto Di Blu* von Domenico Modugno oder auch die Nationalhymne anzustimmen.

Balcanto nannte man das, eine gelungene Worterfindung, die das schöne Singen vom Balkon beschreibt, ergreifend, hoffnungsvoll, schön. Aber leider sehr schnell auch wieder, ähnlich dem Klatschen, verschwunden aus der pandemischen Welt. Aber im New Normal sollte man sich freudvoll daran erinnern und die Tradition wieder aufnehmen. Hymnen gibt es reichlich: *Rock Me Amadeus* in Salzburg, *Blaue Augen* in Berlin, *Verdamp Lang Her* in Köln, *Everybody* in Bern. Egal, lasst uns singen!

BH, der

Die *Bild der Frau* titelte: »Ohne BH im Homeoffice? Das passiert mit Brust und Rücken!« Auch die FAZ ließ sich nicht lange bitten: »Oben ohne ins Büro«, so schrieb man dort. Und der *Focus* beobachtete ängstlich: »BH-Boykott – Warum immer mehr Frauen dazu aufrufen!«. Ist der Büstenhalter die Krawatte der Frauenwelt? Der Schlips jedenfalls hat seine Bedeutung vollständig verloren, Seriosität durch Krawatte funktioniert vielleicht noch bei Provinz-Sparkassen und den Fox-News-Vorlesern. Ansonsten aber ist dieses Relikt vergangener Epochen kaum noch zu sehen.

Doch ist das wirklich vergleichbar? Auch wenn Eddie Constantine in den 1950ern zu sagen pflegte, dass der BH das halten solle, was der Pullover verspreche, bleibt, neben ästhetischen Fragen, die hier nicht zu erörtern sind, vor allem der gesundheitliche Aspekt, der den BH von der Krawatte unterscheidet. Der feministische Diskurs zumindest, der teilweise im Verbrennen der BHs mündete, ist über diese Frage hinweggegangen (auch wenn es zumindest ein wenig ironisch anmutet, dass der BH-Hersteller Ulla eines seiner Modelle »BH mit Bügel Alice Schwarz« nennt). Victoria Sheldon jedenfalls, ihres Zeichens Bekleidungstechnologin, weist in der *Daily Mail* auf die große Bedeutung der im weiblichen Körper befindlichen Cooper-Bänder hin, die für die Stabilität des Bindegewebes zuständig sind und ohne BH in ihrer Wirkung erheblich benachteiligt werden.

Martha Lucia Micher, die 66-jährige mexikanische Senatorin, brachte das Thema auf noch eindeutigere Art in die Gazetten: Das Zoom-Meeting hatte aus ihrer Sicht wohl noch nicht begonnen, sie trug keinen BH – aber auch sonst kein Oberteil. Ein Screenshot wurde geleakt, sie entschuldigte sich für den kleinen Fauxpas, sagte aber, sie schäme sich nicht für ihren Körper und fände überhaupt das alles nicht so schlimm. Eben.

Blockwart, der

Da ist er wieder, der Aufpasser, der Regulierer, der, der meldet und für Ruhe, Ordnung und, das ist neu, für Gesundheit sorgt. Der unangenehmste aller Typen zeigt wieder sein Gesicht und sieht sich damit auf der richtigen und sicher auch rechten Seite. Er ist im Grunde immer da und genießt die Momente, in denen er sich selbst für wichtig hält: Oma und Opa gemeinsam bei den Enkeln? Meldung! Zu dritt auf der Parkbank sitzen und reden? Meldung! Ein Glas Wein zu viert am Strandkorb? Meldung!

25 Sekunden nach Ausgangssperre noch draußen unterwegs? Meldung!

Der Blockwart achtet also ganz genau auf die Einhaltung aller Gesetze, Regelungen und auch Empfehlungen. Er ist genauer als jeder Mathematiker, korrekter als jeder Architekt, bestrafungsgieriger als jede Politesse, neugieriger als ein Privatdetektiv und ein purer Besserwisser und Rechthaber. Sogar bei seinen virtuellen Stammtischrunden langweilt er durch die Gleichförmigkeit seiner Thesen und Beschimpfungen.

Blockwarte werden auch Corona-Denunzianten genannt, was das Coronavirus geradezu beleidigt und außerdem inhaltlich verkehrt ist, wird doch nicht das Virus denunziert, sondern die, die es angeblich nicht genau genug nehmen mit dem Regelwerk. Tausende von Anzeigen hat es gegeben, die Blockwarte feiern sich als Lebensretter, die Angezeigten fühlen sich an ungute Zeiten erinnert. Denn Petzen mochte schon in der Schule keiner. Petzen sind immer unsympathisch, selbst wenn sie auf etwas tatsächlich Fragwürdiges hinweisen. Petzen sollten sich mit dem Rücken zur Gruppe in die Ecke stellen! Das hätte auch den Vorteil, dass sie keine Übersicht mehr haben über ihren Block.

In der Regensburger Regionalpresse wurde zur Überwachung eines Wohnviertels tatsächlich ein »Blockwart« gesucht. Das Wort hält also wieder Einzug in die Sprache und könnte auch im New Normal wieder eine Rolle spielen. Da kann es nicht überraschen, dass die englische Übersetzung gleich an den Ungeist erinnert, den es zu vermeiden gilt: *block leader* heißt es dort nämlich. Darum: Die Aufgabe, erst recht aber die Mentalität sollte im New Normal einer gewissen Gelassenheit weichen.

Brille, die

Maske und Brille, das ist eine gemeine, geradezu bösartige Kombination. Die Maske, egal welche, sitzt nie wirklich gut, geschweige denn aerosolsicher. Gummibänder und Brillengestell verhaken sich allzu gerne ineinander und sind dann kaum wieder auseinanderzubringen. Am schlimmsten sind die Momente beim Wechsel von Outdoor zu Indoor, denn dann beschlägt die Brille sofort, der eigene Atem sorgt dafür. Der erste Instinkt ist die Brille abzusetzen, zu putzen und wieder aufzusetzen, das nützt aber nur wenige Sekunden etwas. Denn dann ... beschlägt sie sofort wieder. Der nächste Versuch ist es, die Maske unauffällig kurz abzunehmen, um die Nebel zu lichten. Gelingt möglicherweise auch, aber sobald die Maske wieder einigermaßen richtig sitzt, beginnt das Drama von vorn. Abgesehen davon, dass das schlechte Gewissen über die verbotene und gefährliche Tat nagt.

1969 flog der Mensch zum Mond. Weshalb er es bis heute nicht geschafft hat, beschlagfreie Gläser zu entwickeln, ist ein Rätsel. Die Forschung im New Normal sollte sich unbedingt darum kümmern.

Bundesdeckel, der

»Herr Wirt, noch drei Helle, schreib mal auf meinen Deckel!«

Dieser Klassiker unter den Kneipenbestellungen verlor in den letzten Jahren wegen der elektronischen Bestellerfassung von bierhaltigen Getränken immer mehr an Relevanz. So waren es vor allem noch Kochtopf- und Gullydeckel, die als Deckel im Sprachgebrauch überlebten. Dann aber kam die Pandemie und der Bundesdeckel.

Der Bundesdeckel hat inmitten all der vielen Wortschöpfungen der Jahre 2020/21 ausnahmsweise nichts mit dem Virus zu tun, ist aber so außerordentlich schön, dass man ihn nicht unerwähnt lassen sollte. Nachdem das Bundesverfassungsgericht festgestellt hatte, dass ein lokaler Mietendeckel wie in Berlin nicht rechtens ist und nur die Bundesregierung selbst Deckelungen dieser Art vornehmen darf, wurde er gleich gefordert, der Bundesdeckel. Nur ein Buchstabe muss geändert werden, um an Waldi, den Bundesdackel zu erinnern, der ja Maskottchen der Olympischen Spiele 1972 in München war.

Aber an dieser Stelle soll der Bundesdeckel nur Anlass sein, einige der Neologismen zu würdigen, die die Pandemie beziehungsweise die Auseinandersetzung mit derselben hervorgebracht hat und die, möglicherweise ähnlich wie Waldi, im New Normal einfach wieder verschwinden sollten:

- Abstrichkabine
- Behelfsmundschutz
- Coronisierung
- Distanzbesuch
- Maskenpickel
- Lockdownspeck

Bundestrainer, die

Wenn es um Fußball geht, in persönlichen Gesprächen, im Netz, dann hat jeder eine klare Meinung, die, da ist man sich sicher, immer kompetent, auf Erfahrung basierend und durch Fakten belegbar ist. Darum heißt es zu Recht: In Deutschland gibt es 80 Millionen Bundestrainer.

Sogar das hat sich aber durch die Pandemie vollständig verändert. (Nicht, dass es nicht immer noch 80 Millionen Bundestrainer gäbe. Und im New Normal wird es auch noch Bundestrainerwechsel in der Realität geben, die das Trainerleben aller anderen definitiv verändern werden) Denn die 80 Millionen Trainer sind im Jahr 2020 gleichzeitig auch allesamt Virusforscher geworden. 80 Millionen Virologen hat das Land nun. Und natürlich sind alle kompetent, erfahren und faktenorientiert. Eine schnelle Ausbildung durch Drosten, Weiler und Lauterbach, und schon bauten sich die Kompetenzzentren auf (weit schneller als die Impfzentren, aber dazu an anderer Stelle mehr). Zahlen, Schutzmaßnahmen, Wirkungen, Zusammenhänge: 80 Millionen Virologen, das hätte einen Robert Koch sicher sehr gefreut.

Doch damit nicht genug. 2021 entwickelten sich neue Wissensgebiete. Die Frage »Wie geht es weiter?« wird gestellt und im Nu hat das Land 80 Millionen Zukunftsforscher. Damit hatte der führende Zukunftsforscher dieser Nation, Matthias Horx, nicht gerechnet. Folgerichtig warnte er nun laut vor lauter Fehlprognosen. Aber was kümmert das die 80 Millionen? – Gar nicht.

Immerhin, die Meinungen gehen genauso auseinander wie beim Fußball. Die Trainer fragen: Ist 4:3:3:1 besser als die berühmte schottische Furche 1:2:3:5? Die Virologen diskutieren: Ist eine Tages-Regional-Inzidenz von 57,3 bedrohlicher als ein Sieben-Tage-Wert von 29,8 im Nachbarland? Und die Zukunftsforscher rätseln: Wie wirkt sich die Pandemie auf die Qualität der Fleischwaren in den Supermärkten aus?

Selbstverständlich gibt es Äquivalente auch in Österreich und der Schweiz. In Österreich sind es aber 8 Millionen Skilehrer, in der Schweiz 8,5 Millionen Hornussen-Profis.

Es ist gut, wenn sich alle Gedanken machen, die Virologen und Zukunftsforscher und Bundestrainer. Nun kommt es im New Normal darauf an, auch zu Klimaforschern, Pflegekräften, Lokalpolitikern und Denkenden zu werden. Allerdings: Macht wahrscheinlich weniger Spaß.

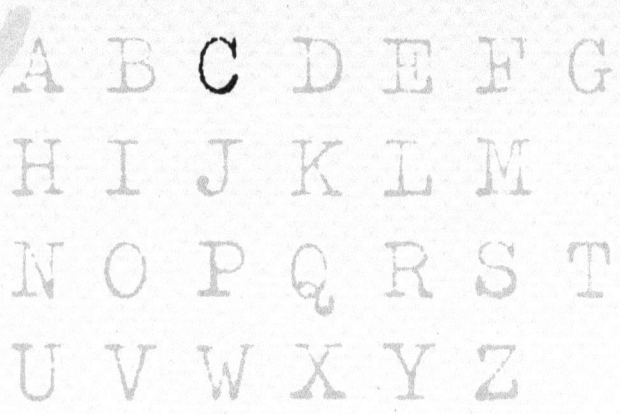

Candy Crush

Wurde parallel bei der MPK gespielt, hörte man.

Click and Collect

In einer Welt voller Anglizismen ist dieses Sprachpaar wegen des Stabreims von c und c besonders gelungen. Die Bedeutung ist klar: Man clickt (auf den oder die Wunschartikel) und collectet diesen oder diese dann beim Händler vor Ort. Nur möglich im Soft-Lockdown, klar. Und scharf abzugrenzen von Click and Meet. Denn das ist nichts anderes als die Eintrittskarte in ein Ladengeschäft. Man clickt auf einen Termin und meetet dann zum vereinbarten Zeitpunkt das Verkaufspersonal, das einen kundig und individuell beraten kann.

Haben wir gerade Meet oder Collect, fragten sich Kunden genauso wie Mitarbeiter, dürfen wir nur collecten oder auch meeten? Tageweise änderte sich das, ein Konzept, geschweige denn eine Strategie ließ sich nicht erkennen. Ohnehin waren Landesgrenzen, die man zuvor nie wahrgenommen hatte, nun plötzlich entscheidend für die Beantwortung für dieser Fragen.

Beide Formen aber unterstützen den Einzelhandel. Man nutzt die Onlineoptionen, bleibt aber dem Handel vor Ort treu. Hybrides Einkaufen wird auch im New Normal üblich sein. Und doch: Meeten ist besser als collecten, offline meeten besser als online, und einfach in den Laden gehen, sich beraten lassen, auswählen, bezahlen und sich dann mit dem Einkauf in ein Café setzen und ein Kännchen Kaffee zu genießen ist tatsächlich das einzig wahre New-Normal-Shopping-Erlebnis.

Contact Tracing, das

Ein frühpandemischer Fachbegriff, der später so gut wie nicht mehr auftauchte, auch, weil die Corona-Warn-App so floppte.

Was bei der Paketlieferung interessant und wünschenswert ist, gilt halt nicht automatisch für einen selbst. Die Verfolgbarkeit der eigenen Person wirkt schon begrifflich fragwürdig, werden doch meist eher Schurken aller Art verfolgt, um sie dingfest zu machen.

Wohl zurecht in Vergessenheit geraten, das Contact Tracing. Und im New Normal wird das so bleiben.

Corona, das

Mexikanische Biermarke

PRÄPANDEMISCHE SONGS

Schon lange vor der Pandemie texteten und komponierten Musiker Songs, die nun überraschend aktuell zu den Geschehnissen zu passen scheinen. Hier eine kleine Auswahl.

- The Beatles – *I Want To Hold Your Hand*
- The Hollies – *The Air That I Breathe*
- MC Hammer – *U Can't Touch This*
- Nancy Sinatra – *These Boots Are Made For Walking*
- Pink Floyd – *We Don't Need No Education*
- The Police – *Every Breath You Take*
- Primal Scream – *Come Together*
- Sister Sledge – *We Are Family*
- Soul II Soul – *Back To Life*
- Whitney Houston – *I Wanna Dance With Somebody*

Corona-Warn-App, die

Im Durchschnitt installieren Handy-User angeblich 80 Apps auf ihren Geräten, 40 davon nutzen sie zumindest einmal im Monat, die anderen 40 seltener oder nie.

Dann kam die Corona-Warn-App. Die erste Frage muss an den Namensgeber der App gehen. Da stimmt wirklich wenig: Der ungeschmeidige Dreiklang aus den fünf Silben mit den vielen hart klingenden a ist schon eine echte Herausforderung. Aus drei Begriffen setzt sich der Name zusammen:

Corona, na gut, das ist nun mal der Begriff, um den es geht. Den zu verwenden, muss nicht falsch sein. Und doch, andere Länder haben es weit besser hinbekommen. Die Italiener nennen sie *Immuni*, die Spanier *Radar Covid*, die Polen *ProteGO Safe*. Alles Namen, die spannend klingen, modern, attraktiv. Und leicht auszusprechen sind.

Und dann »Warn«. »Warnung vor dem Hunde« steht am Zwinger. »Ich warne dich!« ist der Ruf der Erziehungsberechtigten, bevor es zu strikteren Maßnahmen kommt. Jeder Marketing-Azubi lernt bereits am zweiten Ausbildungstag, dass man Botschaften positiv formulieren sollte. Man warnt nicht vor dem Unheil, sondern bietet Lösungen an. Kein Diät-Ratgeber heißt *Wie du nicht noch fetter wirst*. Sondern *Wie du noch schlanker sein kannst*. Aber unsere App warnt vor dem Unheil. Nur das tut sie.

Eine App dann auch noch App zu nennen, ist der letzte Meisterschuss. Einzig Whatsapp nennt sich App, aber zumindest im Rahmen eines (naja, eher billigen) Wortspiels. Aber Youtube,

Spotify, Komoot, Angry Birds, Maps: Die hat man einfach auf dem Handy. »Hast du Tetris?«, fragt man – und nicht: »Hast du die Tetris-App?«

Namen können Grund für Misserfolge sein. Mercedes klingt flotter als Opel. Aber dann sollte man zumindest die Werbung der Lage anpassen. Doch weit gefehlt, die Bundesregierung spart zwar, wie man hört, kaum an Beratungsgeldern, aber offenbar sehr wohl bei Werbeagenturen. »Unterstützt uns im Kampf gegen Corona«, heißt es auf der Website zur App. Wer bitte hat das getextet? Wer ist denn dieser ominöse »uns«, den die Geduzten unterstützen sollen? Uns, das sind wohl wir, die Angesprochenen, das Uns ist das bekannte Krankenschwester-Uns: »Na, wie geht's uns denn heute?« Wir also unterstützen uns selbst. Beim »Kampf«, das klingt martialisch, beinahe kriegerisch, keinesfalls souverän oder strategisch, da sollen alle alle unterstützen.

So überzeugt man keine große Gruppe von Menschen. Kein Hinweis auf den Nutzen, keine positive Perspektive, kein attraktiver Name. Dann entstand auch noch eine Diskussion über die Nutzbarkeit an sich. Und plötzlich wurde die ohnehin fragwürdige Kampagne für die App beendet. Sodass sie nie genügend Leute genutzt haben. Ein Trauerspiel. Im New Normal braucht die Regierung also dringend neue Werbetexter. Es gibt sehr viele sehr begabte. Das ist die gute Nachricht.

POSTPANDEMISCHE FILME UND SERIEN

Erfolgsfilme- und Serien der früheren und späteren Vergangenheit verdienen eine Neuauflage nach der Pandemie. Nachfolgend einige Vorschläge:

- *Better Call Tirol*
- *Coronan, der Barbar*
- *Charleys Mutante*
- *Dirty Distancing*
- *Ein Pyjama für höchstens Drei*
- *Game Of Mutations*
- *Hostbusters*
- *Pulp Infection*
- *SARS-Wars*
- *Twin Pieks*
- *Und täglich grüßt das RKI*

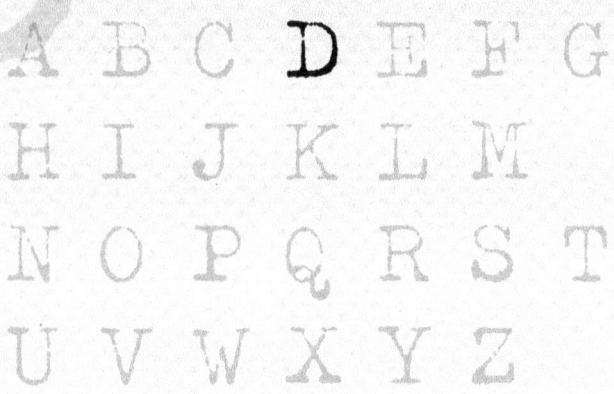

Delta, das

Entschieden wurde, Mutanten des Virus nicht zu zählen oder nach ohnehin kaum nachweisbaren Herkunftsländern oder erstmaligem Auftauchen zu benennen, sondern eben nach griechischen Buchstaben, Delta ist der vierte im griechischen Alphabet. Diese Namensgebung ist schon deshalb einleuchtend, weil ja ein jeder die Buchstaben und ihre genaue Abfolge aus den Studien der Akropolis in Athen oder aus der Lektüre der Schriften Homers genau kennt und souverän zur Anwendung bringen kann. Jeder weiß also: Auf das Delta folgt an der fünften Stelle das Epsilon. Während man wohl mit Zeta, Theta oder Iota rechnen muss, wäre es im New Normal keine angenehme Sache, über späte Buchstaben im Alphabet wie Omikron oder gar Tau sprechen zu müssen. Eine gute Nachricht gibt es: Das griechische Alphabet hat nur 24 Buchstaben.

Doch gleichwie: Während die einen vor dem nächsten Buchstaben warnen und zur Vorsicht mahnen werden, gibt es andere, die keine dunklen Variantenwolken am Himmel erkennen. Wieder andere fürchten sich nicht vor griechischen Buchstaben und fordern deshalb die Rückkehr zur Normalität. Zu erwarten sind also – leider – laufende ντεζαβού-Erlebnisse.

Desinfektionsspender, der

In der Pandemie schlich sich eine neue Produktgattung in den Alltags eines Jeden, die zuvor nur aus Praxen und Kliniken bekannt war: ein an der Wand angebrachtes oder im Raum frei aufgestelltes Behältnis mit der Öffnung nach unten, in dem sich Desinfektionsflüssigkeit befindet. Es dient der Hygiene der Hände. Je nach vorgegebener Mechanik muss man manchmal einen Hebel oder eine Taste betätigen, eine flexible Außenhaut eindrücken oder, ganz modern, nur die Hand darunter halten – und schon werden die Handflächen mit ein wenig Flüssigkeit benetzt, die man dann intensiv verreiben soll.

Das verwendete Mittel hat übrigens, der Name darf in diesem Werk nicht unerwähnt bleiben, Didier Pittet, ein Arzt und Apotheker aus dem schweizerischen Genf, zu Beginn der 1990er-Jahre erfunden. Vornehmlich ging es ihm um die bestmögliche Mischung aus Alkohol, Wasser und Glycerol. Wenig Bestandteile, aber auf die genaue Zusammensetzung kam es an. Sein Ziel war es damals in erster Linie, das Klinikpersonal durch eine erheblich vereinfachte Handhabung dazu zu bringen, die Hände täglich oftmals zu desinfizieren. Und es gelang. Er verzichtete bewusst auf ein Patent für diese Mischung, weil er wusste, dass damit Menschenleben zu retten sein werden. Immerhin hat er nun den Ritterorden der Queen.

Nun verfügen viele über diese Behälter und benutzen sie mehr oder weniger fachgerecht. Schon die Frage, ob das Mittel eher im Eingang- oder Ausgangsbereich anzuwenden ist, spaltet aber Anwender und Anbieter. Oder beide Male? Dann allerdings werden die Hände schon sehr trocken, das Eincremen derselben wird so ebenfalls zur Routine. Außerdem erhöht die doppelte Nutzung die Länge der Schlange der Wartenden. Und es entstehen neue Schlangen vor den Spendern, die es sonst gar nicht gegeben hätte.

Dennoch: Die Handdesinfektionsspender werden im New Normal nicht mehr wegzudenken sein. Wesentlich und Corona-kompetent ist es allerdings, ähnlich aussehende Gerätschaften immer unterscheiden zu können. Für den neugierigen Geist hier einige Beispiele, bei denen Verwechslungsgefahr bestehen könnte:

☞ Der großformatige, halbrund geformte Drücker an den Fußgängerampeln im auffälligen Orange dient lediglich der Anforderung eines grünen Fußgängersymbols auf der Ampel. Hände darunter halten bringt keine grüne Phase und keine sauberen Hände.

☞ Dasselbe gilt auch für die Fahrkartenentwerter in Straßenbahnen. Hier gilt es weiterhin, den Fahrschein in den Schlitz zu schieben, Hände darunter halten produziert erstaunte Blicke der Mitfahrenden, aber keine Desinfektion.

☞ In Kaugummiautomaten befinden sich zwar ebenfalls Dinge, die aus diversen chemisch hergestellten Materialien konstruiert werden, dennoch heißt es: Geldstücke hineingeben, den Dreher betätigen, die Hände darunter halten (an der Stelle also exakt die identische Vorgehensweise!) und dann die Kugeln, aber eben kein desinfizierendes Gel, auffangen. Dann allerdings sehr schnell essen, bevor sich die Farbe der Kugeln gelartig auf den Händen verteilt!

☞ Auf öffentlichen Toiletten wird der Abtrocknungsprozess der Hände gern mit einem Fönapparat vorgenommen, der seitlich des Waschbeckens zu finden ist. Auch hier gibt es moderne Konstruktionen, die den Brausewind entfachen, ohne dass eine weitere Taste betätigt werden muss. Dennoch: Heraus kommt heiße Luft ohne jede Desinfektionswirkung. In dem Fall ist es sogar eher genau andersherum: Die Luft gibt den Aerosolen neuen Schwung, statt sie zu töten.

Dildo, der

Der 26.1.2021 war es, als die BBC-Wales beim Frühstücksfernsehen über durch die Pandemie ausgelöste Arbeitslosigkeit diskutierte. Eine Betroffene berichtete per Videoacall von zuhause aus über ihre Erfahrungen. Da saß sie nun, auf ihrem weißen Kunstledersessel am furnierten Buchentisch und lächelte freundlich-vorsichtig in die Kamera. Im Hintergrund ein prächtiges Regal voller Ordner und Bücher. So weit, so gut? Oh nein, denn in der Mitte des oberen Regalbretts konnten die geneigten Zuschauer einen stehenden, hautfarbenen Kunstpenis entdecken, groß und, da wurde nicht gespart, mit fein geformtem Hodensack. Ein Prachtstück, fraglos.

Was sie denn da Schönes im Regal stehen habe, wurde sie gefragt. Sie sah sich um, schaute wieder artig und kurzhaarfrisiert in die Kamera ihres Computers und antwortete: »Ich habe keine Ahnung, was das ist!« Entsprechend sei sie auch in keiner Art und Weise verlegen, sagte sie anschließend. Wie auch? Da steht in ihrem Wohnzimmer im Regal ein großer Dildo – und sie? Sie kann's nicht erklären und eh nichts dafür.

Seitdem ist der Dildo definitiv ein neues Accessoire in fein gestalteten Wohn- oder Arbeitsräumen. Trendartikel sind außerdem: aufblasbare aufgeblasene (sonst entfalten sie nicht den Zauber der besonderen Intimität) Puppen, fesche Handschellen, eine feine Reitgerte und, für die Herren besonders geeignet, die Pink Lady Stamina Training Unit (bitte googlen, der Fachversand wird zu finden sein). Ultimativ aber sicher das Sextoy schlechthin für den ambitionierteren Hobbyerotiker: die Gasmaske! Diese, dekorativ an die Wand gehangen, bringt ein besonderes Flair in die digitale Konferenz. Und auch hier gilt die Regel der oben genannten walisischen Hausfrau: »Ich habe keine Ahnung, was das ist.«

Drehen, das

Eine der besonders gerne gestellten Fragen in Momenten analoger Näheherstellung ist: »Kannst du mir eine drehen?« Alternativ: »Darf ich mal ziehen?«

Im Rahmen althergebrachter Hygienekonzepte war das eine gute Idee. Es entstand sogleich Gemeinsamkeit, körperliche Nähe und ein Themenumfeld zum Austausch von kleineren Kommunikationseinheiten.

Im New Normal ist das keine geeignete Form des Gesprächsbeginns mehr. Praktisch alle Regeln für Vorsicht und Schutz werden von Beginn an zerstört:

- ☞ Zu geringer Abstand
- ☞ Keine Maske
- ☞ Virus-Flow von Hand zu Mund (beim Drehen)
- ☞ Virus Flow von Mund zu Mund (beim Ziehen)
- ☞ Rauchen an sich schwächt das Immunsystem.

Positiv anzumerken ist allerdings, dass Frage und Tat in der Regel draußen stattfinden. Da freut sich das Virologenherz!
Vorschläge für bessere Anfänger-Sentenzen vor der Kneipentür:

- ☞ Und? Womit wurdest du geimpft?
- ☞ Haste mal 'ne Maske für mich?
- ☞ Sind die Aerosole der E-Zigarette eigentlich feiner als die von Covid?
- ☞ Mensch, ohne Maske siehst du sogar noch besser aus!

Drogerie, die

Was wäre, wenn in einem Drogeriefachmarkt nur das verkauft würde, was eben traditionell in einer Drogerie verkauft würde? Eine merkwürdige Frage vielleicht, die man aber nach der Pandemie zu stellen hat. Heilmittel, Schönheit, Haus- und Gartenzubehör, Reformprodukte und kleinere elektronische Beigaben: Das beschreibt das Grundsortiment ziemlich genau. Tonträger, Gesellschaftsspiele, Getränke, Kleidungsstücke, Bücher, Zeitschriften, Puppen, Hundefutter, Wandschmuck ... Eine Unmenge der Produkte in einer Drogerie haben mit der eigentlichen Aufgabe einer Drogerie nicht mehr viel zu tun. Und dennoch unterliegt dieses Sortiment dem systemrelevanten Tagesbedarf und durfte auch im härtesten aller harten Lockdowns weiterhin verkauft werden.

Diesem Phänomen wird der Einzelhandel im New Normal ganz sicher nachspüren. Zu erwarten ist, dass es zu erstaunlichen Mischformen von Handelsflächen kommen wird, um das Siegel der Systemrelevanz ebenfalls verliehen zu bekommen und 24/6 öffnen zu dürfen. Nachfolgend einige Ideen:

- 👍 Drogeriemarkt H&M (Heim & Magen):
  Alles für Zuhause und die Ernährung, plus wenige ausgewählte Kleidungsstücke auf fünf Etagen
- 👍 Media Markt-Drogerie:
  Glühbirnen, Batterien, Stromkabel und auf vier Stockwerken eine kleine Auswahl an Hifi, PC und TV

👍 Douglas:

Der Name bleibt, das Sortiment wird ausgebaut. Douglas war ja ohnehin der Meinung, eine Drogerie zu sein und öffnete die Läden im Lockdown, leider sah das ein Gericht anders und hat das verboten. Absurd, wenn man bedenkt, dass Douglas im 19. Jahrhundert von einem schottischen Seifensieder (Seife, klassisches Drogerieprodukt!) gegründet wurde und jetzt einfach nur ein paar mehr andere Produkte im Portfolio hat (genau wie die Drogerien).

👍 Thalia-Drogerie:

Erfrischungstücher, Schokoriegel, Teelichter und auf weiteren 1000 Quadratmetern ein paar Bücher

👍 Sportdrogerie Scheck:

Diätprodukte, Sport-Tampons, Tempos und ein kleines Randsortiment von Sportbekleidung und -geräten auf drei Etagen

Jedes Ladengeschäft wird eine Drogerie! Das ist die postpandemische Lösung für den angegriffenen Einzelhandel! Hier sollten sich Anwaltskanzleien schon einmal vorbereiten: Wer definiert am besten, was eine Drogerie verkauft und wie sie sich von anderen Einzelhandelsformen unterscheidet?

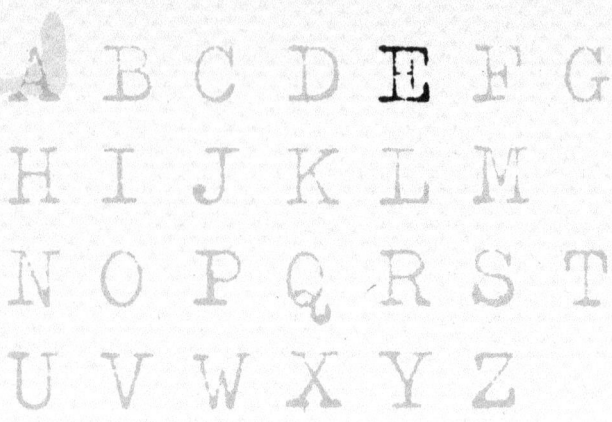

Ebay-Kleinanzeigen, die

In der Pandemie werden viele Konsumentscheidungen getroffen, die durch sie selbst ausgelöst werden. Im New Normal haben viele der erstandenen Produkte weit geringeren Sinn. Davon wird Ebay profitieren, wo nun Produkte auftauchen werden, die es vorher gar nicht, selten oder nur in wenig attraktiven Ausführungen gab. Da Nachfrage das Angebot steuert, steht zu befürchten, dass der ein oder andere auf seinen nun nicht mehr gebrauchten Dingen sitzen bleibt und entweder auf die nächste Pandemie hoffen oder aber den nächstgelegenen Recyclinghof ansteuern muss.

Unter anderem nachfolgende Dinge wird es wohl im Übermaß geben:

- ☞ Rudergeräte
- ☞ Ergometer

- ☞ Stoffmasken-Restposten
- ☞ BHs
- ☞ Puzzles
- ☞ Haarschneidemaschinen
- ☞ Kleintiere
- ☞ Sportkleidung
- ☞ Gesellschaftsspiele
- ☞ Kleidungsstücke (kleine Größen)

Einkaufswagen, der

Einkaufswagen dienten in der Vergangenheit vor allem dazu, einzukaufende Produkte auf komfortable Art und Weise zur Kasse zu transportieren, bei größeren Märkten mit dem Zusatznutzen, diese zum auf dem Parkplatz abgestellten Automobil zu bringen und dort direkt in den Kofferraum zu laden.

Einkaufswagen sind im New Normal nun auch ein Instrument des Einlassverbots geworden. Das System ist schlicht: Jede einen Supermarkt betretende Person muss einen Einkaufswagen benutzen. Kommt also die Familie mit dreiköpfiger Kinderschar, nehmen sie fünf Einkaufswagen mit in die Ladenfläche. Ein Zusammenschieben der Wagen, um platzsparend zu agieren, führt zu Verweisen in den Gängen. »Das ist verboten!«, heißt es dann vom ohnehin überforderten Verkaufspersonal. Da nützt auch der Hinweis wenig, dass die Dreijährige kaum in der Lage sei, den Wagen zu schieben, zum einen ob des Gewichts, zum anderen ob der Höhe der Schiebestange. Regel ist Regel.

Auch der einst gern genutzte Einkaufskorb scheint keine Alternative mehr zu sein, er verzerrt den Platzbedarf und lässt keine Zählung der Personenzahl mehr zu. So entstehen Schlangen vor der Schlange der Einkaufswagen, aus dem Supermarkt eilende Konsumenten bekommen ihre Wagen geradezu aus den Händen gerissen. Wenn dann die oben genannte Familie mit je einem Wagen ein Pfund Gehacktes halb und halb bei der Fleischtheke bestellt, reihen sich die Wartenden bis zum Eingangsbereich. Ähnliches spielt sich an der Kasse ab, wo die Wartenden den Zugang zu den gut gefüllten Regalen verstopfen.

Sollten im New Normal Eintrittsbarrieren in Supermärkten wieder einmal etabliert werden, müssen dafür geschmeidigere Systeme entwickelt und der Einkaufswagen wieder seiner ursprünglichen Funktion zugeführt werden. Allerdings: Für die Mathebücher ist die Kategorie »Einkaufswagen« für die Textaufgaben bestens geeignet: 25 Kunden sind im Laden, davon drei Vier-Personen-Familien, zwei Zwei-Personen-Haushalte, der Supermarkt hat 14 Einkaufswagen zur Verfügung, wieviel Personen stehen wartend vor der Eingangstür, bevor drei einzelne Personen herauskommen?

PRÄPANDEMISCHE SCHLAGER

Auch der deutschsprachige Schlager gab schon lange vor der Pandemie Kommentare zu pandemischen Momenten ab. Hier einige davon:

- Buddy – *Ab In Den Süden*
- Chris Anders – *Es Fährt Ein Zug Nach Nirgendwo*
- Chris Roberts – *Wann Liegen Wir Uns Wieder In Den Armen, Barbara?*
- Die Randfichten – *Lebt Denn Der Alte Holzmichl Noch?*
- DJ Ötzi – *Anton Aus Tirol*
- Gebrüder Blattschuss – *Kreuzberger Nächte Sind Lang*
- Helene Fischer – *Atemlos Durch Die Nacht*
- Peter Alexander – *Die Kleine Kneipe*
- Rudi Carrell – *Wann Wird's Mal Wieder Richtig Sommer?*
- Wums Gesang – *Ich Wünsch Mir Eine Kleine Miezekatze*

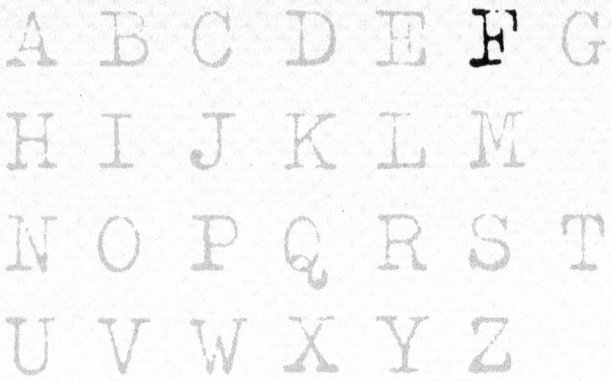

Fax, das

Die Älteren erinnern sich noch an die Zeiten, als das Faxgerät als neue Beschleunigungstechnologie Brief-, Rohrpost oder das Telex ablöste. In den 1990er-Jahren war das, damals faxte man noch mit merkwürdig riechendem Thermopapier, noch merkwürdigeren Geräuschen und Papierrollen statt Einzelblättern.

Daraus entwickelte sich das digitale Faxen, eine etwas absonderliche, hybride Form des Versands von Briefen und Kopien. Immerhin ersparte man sich nun aber das schlimme Geräusch im Hörer, wenn man versehentlich keine Telefon- sondern eine Faxnummer gewählt hatte und ein tinitusartiges, helles Sirren die Trommelfelle belastete.

So oder so: Faxen ist seit etwa zehn Jahren nicht mehr State of the Art. Dachte man. Dann aber kam Covid und rückte besonders in den Behörden die Kommunikation in den Vordergrund.

Und urplötzlich musste die Allgemeinheit überrascht lernen: Während man selbst in Sekunden aufwändige TikTok-Videos produzieren und weltweit verteilen kann, sind Arztpraxen, Gesundheitsämter und Behörden nicht in der Lage, digital vernetzt zu agieren – und senden sich Faxe. Echt jetzt?

Der Faxstandard zeigt der Öffentlichkeit, dass führende Wirtschaftsmächte in ihrer Digitalisierung Freunde der 1990er geblieben sind. Darum soll hier ein Gedenkstein für gute alte neue Technologien stehen:

- 🖒 VHS
- 🖒 Diskette
- 🖒 CB-Funk
- 🖒 Mikrofiche

Diese Liste sollte im New Normal durch Faxen erweitert werden. Und zwar schnell!

Freeze, der

»Du bist eingefroren!«: Dieser Ruf ist per se vollkommen sinnlos, denn ein Mensch, der eingefroren ist, wird ihn sicher nicht mehr vernehmen können. Er ist tot, eingefroren und erfroren ist in der Regel ein parallel verlaufendes Ereignis. Aber auch in diesem Fall verursacht die digitale Welt einen neu zu definierenden Zustand.

»Du bist freeze!«: Das ist der Ausruf der Gruppe im virtuellen Meeting, wenn einer der Teilnehmer nur noch ein Standbild sendet, aber noch zu hören ist. Jedenfalls meist, oft hört er auch die anderen noch. Aber das weiß keiner, also entsteht unter den nicht-gefrorenen Gesprächsteilnehmern immer wieder der identische Dialog:

- ☞ Du bist freeze!
- ☞ Du siehst so lustig aus! (*Gruppengelächter*)
- ☞ Hörst du uns?
- ☞ Siehst du uns?
- ☞ Sag mal was!
- ☞ Starte mal neu!
- ☞ Bist immer noch freeze!
- ☞ Oh, jetzt ist er ganz weg.
- ☞ Das sah aber auch echt lustig aus, genau im falschen Moment stand das Bild still.
- ☞ Ah, da bist du ja wieder!
- ☞ Du sahst voll lustig aus!
- ☞ Konntest du uns hören?
- ☞ Und sehen?
- ☞ Okay, wir machen weiter, wo waren wir stehen geblieben?

Ein Freeze gehört also zur Digitalkonferenz einfach dazu. Stets mit der Frage verbunden, ob die Ursache bei der heimischen Internetgeschwindigkeit oder beim Server des Dienstleisters liegt. Die gute Nachricht ist: In der Regel wird der Eingefrorene sehr schnell wieder auftauen. Im New Normal wird man das Thema in jeden Small Talk einbauen können: »Na, wie oft warst du heute freeze?« Oder, im Flirten für Fortgeschrittene: »Hallo, schöner Mann, wenn ich dich so sehe, würde ich dich am liebsten jetzt sofort freezen!« Oder im Assessment Center: »Was würden Sie tun, wenn Sie in einem ausgesprochen wichtigen Meeting zur strategischen Ausrichtung Ihres Unternehmens immer wieder gefreezed sind und damit Ihren wichtigsten Punkt nicht anbringen können?«

Frodeno, Jan

Deutscher Spitzen-Triathlet, der aus der Not (des nicht möglichen Wettbewerbs) eine Tugend machte und einen Zuhause-Triathlon unternahm. Er schwamm die 3,8 Kilometer mithilfe der Gegenstromanlage im eigenen Pool, dann fuhr er 180 Kilometer auf dem Hometrainer und rannte die Marathonstrecke auf dem Laufband. Er benötigte dafür achteinhalb Stunden und nannte diese Neuerfindung Tri@home.

Früher sagten die Turnlehrer dazu: Keine Müdigkeit vorschützen! Die allgemeine Gewichtszunahme im Homeoffice ist also nicht nötig. Man braucht nur einen Pool, einen Ergometer, ein Laufband und ein paar Stunden Zeit – und schon wird man Ironman!

Im New Normal gibt es also keine Entschuldigung mehr. Ran an den Speck, nur dieses Motto zählt.

Fußpetting, das

In den Jahren, als Dr. Sommer und dann das Dr.-Sommer-Team der Fachzeitschrift *Bravo* die Aufgabe der Sexualerklärung für junge Leserinnen und Leser innehatten, gab es noch den schönen Begriff des Fußpettings. Überhaupt Petting: selige Zeiten. Analoges Kennenlernen, keine Insta-Posts und TikTok-Videos, kein Tinder-Wischen. Einfach Petting.

Die Begrüßung, klassischerweise durch Händeschütteln, musste in der Pandemie erheblich erweitert werden. Den Füßen kam dabei eine neuartige und überraschende Rolle zu: Die Fußbegrüßung, also das zarte Fußüberkreuzen, das auch gute Balance beider Füßelnden erfordert, wurde zur Alternative, wenn das Gegeneinanderpressen der Fäuste (Fußballer und Schiris konnten sich früh darauf verständigen) nicht gewollt war, das Kopfnicken nicht reichte und an sich eine Begrüßungsgeste nötig erschien. Diese Art der Begrüßung, einer Bewegung des Balztanzes australischer Emus nicht gänzlich unähnlich, erfordert im übrigen festes Schuhwerk mit gerader Sohle, also eher Sneakers als Stilettos, eher Budapester als Slings, denn ein erhöhter Absatz erschwert erheblich die Stabilität auf einem Bein.

Das klassische Händeschütteln wird es in althergebrachter Form im New Normal zwar sicher nicht mehr geben. Dennoch muss man dem Fußpetting keine große Zukunft voraussagen, denn diese Art des Begrüßens ist umständlich, nicht sehr ästhetisch, bewirkt im Grunde immer Gelächter und wilde Balance-Moves mit den Armen – und sie ist bei ernsteren Anlässen wie zum Beispiel der Verleihung des Bundesverdienstkreuzes am Bande tendenziell unwürdig. Aber sicher wird man in zehn Jahren die Bewegungsart nachspielen und das Publikum fragen: »Ratet mal, wann das war!« Und die Älteren werden »2021!« antworten und in Erinnerungen an diese barocken Riten schwelgen.

DIE BESTEN VORNAMEN FÜR MÄDCHEN

Jede bedeutende gesellschaftliche Phase hatte auch Auswirkungen auf die Namensgebung der Neugeborenen. Das wird auch nach der Pandemie nicht anders sein:

- Herthaimuni
- Impfke
- Kaharla
- Lokidown
- Maskimiliane
- Quaranja
- Robertakoch
- Sarsbine
- Silviarelevanz
- Spreaderike

Geisterspiele, die

- 👉 Nach vorne!
- 👉 Geh doch, Mann!
- 👉 Aufpassen!
- 👉 Spiel quer!
- 👉 Los, Männer!
- 👉 Geht raus!
- 👉 Noch drei Minuten!
- 👉 Weiter so!
- 👉 Kein Foul, kein Foul!!
- 👉 Foul, Schiri, das war ein Foul!
- 👉 Gibt's doch gar nicht!
- 👉 Schieß, schieß!
- 👉 Gib ab!
- 👉 Mach selbst!

- ☞ Spiel weiter!
- ☞ Abseits, das war Abseits!
- ☞ Waaas? Das war niemals Abseits!
- ☞ Renn, Junge, den kriegste noch!
- ☞ Zurüüüüück!
- ☞ Raus alle!
- ☞ Hintermann!
- ☞ Schnell!
- ☞ Lass dir Zeit!
- ☞ Schiri, wir wollen wechseln!
- ☞ Das kann nicht wahr sein!
- ☞ Das kann echt nicht wahr sein!
- ☞ Das ist jetzt nicht dein Ernst!
- ☞ Männer, gebt alles!
- ☞ Ruhig, gaaanz ruhig!

Man lernte in der fanlosen Ruhe der Stadien, dass sich die Trainerrufe in Bundesliga und Kreisklasse 3 tatsächlich nicht unterscheiden. Das war überraschend.

Generation, die

Fraglos wird man im Rückblick die pandemische Zeit auch in ihren Auswirkungen auf die heranwachsenden Menschen bewerten. Nachdem schon Anfang der 2000er die *Generation Golf* ausgerufen wurde, sucht man im Grunde alle zehn Jahre das stilbestimmende Motiv der jeweiligen Generation. Was gab es nicht alles – die MTV-Generation, die Generation X, die

Millennials, es gab auch den Weißen Jahrgang und die Null-Bock-Generation. Nun also die Pandemie als einschneidendes Moment zur Definition. Vorschläge:

- 👍 Die Coronials
- 👍 Generation Maske
- 👍 Die RKI-Generation
- 👍 Merkels Last Dayer
- 👍 Keine Generation
- 👍 Die AHAs
- 👍 Covid & Co.

Glühwein, der

In der Regel wenig schmackhaftes, überzuckertes alkoholhaltiges Heißgetränk, das in verschiedenen Varianten insbesondere im Rahmen von Weihnachtsmärkten in mit Pfand ausgegebenen, unattraktiven Keramikbechern völlig überteuert verkauft und konsumiert wird. Wird mit Advent, Gemütlichkeit und Rabimmelrabammelrabumm assoziiert und führt zu seliger und entspannter Stimmung, auch wenn es in der Umgebung sagenhaft nasskalt, laut, voll und kitschig geschmückt ist.

Glühwein konnte in der Pandemie nur noch an vereinzelten Glühweinständen erworben werden, da es keine Märkte mehr gab. Daraus entwickelte sich das Glühwein-Hopping, ein ständiger Wechsel also zwischen diversen Örtlichkeiten innerhalb einer Stadt mit dem unmittelbaren Ziel, den Gesetzeshütern keinen Anlass zur Anmahnung zu geben.

Vieles Wertvolle verschwand durch die Pandemie, das Urteil, ob der Glühwein im NN wirklich ein Revival braucht, soll anderen überlassen bleiben.

Good Morning America

Bei dieser hochpopulären Morgensendung der ABC brachte es ein Reporter zu besonders großer Bekanntheit. Er wurde von der Moderatorin per Videoschaltung zur aktuellen Lage befragt, saß akkurat angezogen im heimischen Office – hellblaues Hemd, graues Sakko, geknöpft –, lächelte in die Kamera und erläuterte seine Wahrnehmungen.

Dann aber verschwand das Insert am unteren Bildrand, und die Zuschauer sahen ihren Reporter nun aus leicht veränderter Perspektive: Unter Sakko und Hemd erkannte man nur eine Boxershorts, ein langes Beinkleid war nicht im Angebot. Diese war aber immerhin unifarben, weder Gänseblümchen noch springende Snoopys, weder Golfschläger noch Anker zierten seine weit geschnittene Boxershorts.

Man merke sich: Auch in ungeplanten und nicht gewünschten Momenten zeigt ungemusterte Unterwäsche bei Herren Stilempfinden. Man darf hoffen, dass sich diese Erkenntnis in Zukunft auf das Angebot der führenden Unterwäsche-Anbieter niederschlägt. Und eine eindeutige Empfehlung für Videokonferenzen im New Normal: kurzer Spiegelcheck vor dem Beginn!

Großraumbüro, das

Kostenreduziertes Bürolayout, das Architekturaufwand und Baumaterial spart, scheinbar die Kommunikation verbessert, dabei aber Mitarbeiter in ruhelose und nervöse Stimmung bringt und voller Absicht jede Privatsphäre verhindert. Nun Katalysator fürs Homeoffice, denn gerade in den klimatisierten Räumen voller Menschen fühlen sich Aerosole richtig wohl. Und sobald im Großraumbüro laut Hygieneregel nur noch vier Mitarbeiter sitzen dürfen, ist es seinen Namen ja nicht mehr wert. Also sitzen nun alle diese ehemaligen Großraumbürotätigen in sehr kleinen, eher büroähnlichen Umgebungen in den eigenen Wohnungen und wünschen sich von ganzem Herzen, nie mehr im Großraumbüro arbeiten zu müssen.

Ein Wunsch, der sich im New Normal erfüllt. Betriebsräte und Geschäftsführungen erarbeiten Lösungen für die Belegschaft, 3:2 oder 2:3, 1:4 oder 0:5 Präsenztage im Großraumbüro werden definiert, es wird also hybrid gelöst.

Gründonnerstag, der

Die Osterzeit ist nicht arm an Feiertagen, dem Karfreitag folgen Ostersonntag und Ostermontag. Eine sehr geschätzte Abfolge, um die herum es auch noch Schulferien gibt, und die gern für Reisen in der frühen Saison genutzt wird.

Der Kanzlerin ging das nicht weit genug. Und so führte sie am 22.3.2021 eine neue Kategorie ein, den sogenannten Ruhetag. Und das sollte der Gründonnerstag sein.

Für die mit der Bibellektüre nicht so vertrauten Leser sei kurz erläutert, dass der Gründonnerstag zu den sogenannten Kartagen gehört, also zu den drei vorbereitenden Tagen zu Ostern (Darum heißt der Samstag vor Ostern auch nicht Ostersamstag, sondern Karsamstag. Das kann man sich doch echt mal merken!). Und eben diesen Tag, der übrigens auch in protestantisch geprägten Gegenden schon mal ein echter Feiertag gewesen ist, suchte die Kanzlerin zur Ruhe aus. Ein Ein-Tages-Lockdown im Grunde, der in den Oster-Lockdown münden sollte.

Ein neuer Feiertag also, noch einer, vier nacheinander, aber eben einer, der anders hieß, was auch im Kontext mit dem Ziel eines Lockdowns absurd gewesen wäre, denn gerade in diesem ist ja das Feiern verboten. Wir stellen uns vor, wie die Kanzlerin sagt: »Liebe Leute, wir haben da eine tolle Idee und haben einen weiteren Feiertag zum Nicht-Feiern identifiziert, den Gründonnerstag. Da habt ihr alle frei, dürft aber nicht feiern. Denn das Ziel ist, mithilfe dieses Feiertags die Osterfeier zu beschränken.« Das hätte das Volk wohl nicht verstanden.

Aber auch so verstand das Volk das nicht. Während die einen bereits Urlaubsreisen buchten, wollten andere dennoch ins Büro, die aber geschlossen gewesen wären und wiederum andere dachten an einen Hybridtag, an dem die Läden alle geschlossen, die Firmen aber alle offen gewesen wären. Das Volk war jedenfalls bereit, das muss man sagen.

Aber dann gab es ein herzliches: »Sorry, da haben wir uns vertan!« und der Ruhe-Feiertag wurde feierlich ruhiggestellt und zum Alltag erklärt.

Dennoch: Auch im New Normal wird diese nie umgesetzte, aber angedachte Neudefinition eines Ruhe-Gründonnerstag sicher nicht mehr verschwinden. Und Ruhe, das ist seit Graf von der Schulenburg in 1806 eh erste Bürgerpflicht!

DIE BESTEN VORNAMEN FÜR JUNGEN

- Herdbert
- Homeroffice
- Horstspot
- Karlantäne
- Kühlfrank
- Pandemil
- Rwert
- Vector
- Viruslav
- Wuhans

Halbleiter, der

Mit einem gewissen und sogar wachsenden Erstaunen konnte man in der Pandemie zur Kenntnis nehmen, dass die Weltwirtschaft nicht ernsthaft Anteil oder gar Schaden nahm am viralen Geschehen. Export, Import, Umsatz, Ergebnis: Viele internationale Unternehmen profitierten sogar von der Seuche und brachten Quartal für Quartal die Börsianer in freudige Erregung. Der Markt also funktionierte offenbar weiterhin bestens. Das zumindest konnte man lange glauben.

Bis die Halbleiterkrise zuschlug. Denn was bei Toilettenpapier, Masken oder Hefe nie der Fall war, trat nun tatsächlich ein: Es gab wirklich einen Mangel. Die Nachversorgung mit Halbleitern geriet ins Stocken. Dabei handelt es sich um Stoffe, die zum Teil leiten, zum Teil nicht, darum sind sie nur halbe Leiter.

An dieser Stelle scheint es naheliegend, diese sehr schlichte Begrifflichkeit auch auf andere Bereiche des Lebens zu übertragen:

- 👉 Halbchef (voll autoritär, aber ahnungslos)
- 👉 Halborgasmus (nur einer von beiden hatte Spaß)
- 👉 Halbsieg (also der zweite Platz)
- 👉 Halbzustimmung (»Ja, aber ...«)

Aber der Halbleiter ist von so großer Bedeutung, dass praktisch keine Industrie ohne ihn auskommt. Ob Kfz, Handy, TV, elektrische Dildos, Kühlschränke oder Siri-Alexas: In allen sind Chips, in allen also Halbleiter, alle sind also angewiesen auf etwas, das in der Nachversorgung ins Stocken geriet. »Der Welt fehlen Chips«, hieß es entsprechend in den Medien, sogar die Produktion des ostfriesischen Passats in Emden geriet ins Stocken.

Im New Normal werden sie wohl wieder vorhanden sein und vor sich hin halbleiten. Aber kurz waren sie echte Stars der Pandemie. Und die zeigten einmal mehr, wie sehr doch die Welt miteinander vernetzt und voneinander abhängig ist.

Hamstern, das

Wie konnte es nur dazu kommen, dass diese possierlichen Tierchen zum Symbol wurden für das ganz und gar unpossierliche Verhalten zumindest halbwegs gebildeter und intelligenter Menschen? Was hat der Hamster an sich, das ihn zum Vorbild macht für die Shoppingmethode des wahllosen Regale-Leerräumens?

Es war im März des Jahres 2020, als es kaum noch möglich schien, Toilettenpapier, Desinfektionsmittel, Nudeln oder Suppen zu bekommen. Auch Hefe und Mehl, Zucker und Salz wurden knapp. Aus der Angst vor Unterversorgung entstanden Hamsterkäufe, so zumindest nennt das der deutschsprachige Volksmund. Und, wie die Gesellschaft für deutsche Sprache bei einer kleinen Umschau in diversen europäischen Sprachen herausgefunden hat, wird der Hamster sehr häufig als Vorbild für die Beschreibung des zu viel Einkaufens herangezogen.

Warum nur? Der Hamster nimmt mehr Nahrung auf, als er in dem Moment verarbeiten kann, ja. Er schiebt das nicht unmittelbar Nutzbare in seine Backen und holt es dann hervor, wenn er wieder Hunger hat und verarbeitungswillig ist. Ein schlauer Vorgang, denn er weiß genau: Es kommt der Augenblick, da wird er diesen kleinen Vorrat zu sich nehmen.

Genau das aber ist eben nicht der Antrieb des Hamsterkäufers. Denn der kauft Mengen, die er nicht braucht, vielleicht sogar nie, aber er ersteht sie dennoch, aus der Sorge heraus, es könnte einen Mangel geben. Psychologen wollen herausgefunden haben, dass bereits ein leeres Regal im Supermarkt an sich diese Reaktion auslösen kann. Leere bedeutet in dem Sinne: Das wollten alle haben, also brauche ich es auch.

Im Englischen wird das Hamstern sehr viel einfacher und weniger bildlich benannt: Es heißt dort *panic-buy*. Und genau das ist es ja auch, ein Panikkauf. Eine vernünftige Versorgung mit allem, was man braucht: Das wird im New Normal so sehr Alltag sein wie zuvor.

Happy Birthday

Die Schwestern Mildred und Patty Hill sind Komponistin und Texterin dieses Übersongs, den sie sich 1893 für ihre Kindergartengruppe ausdachten. In vorpandemischer Zeit wurde das Lied gerne gesungen, um auf Feierlichkeiten zum Geburtstag dem Jubilar ein Ständchen zu geben. Das ist vorbei.

Heutzutage ist *Happy Birthday To You* nichts anderes als der optimale Beipackzettel zu Händedesinfektionsgels oder Seifen. Denn: Zweimal laut singen, dabei mit warmem Wasser ordentlich abschrubben und ... das Virus ist verschwunden und kann bei Gesichtsberührungen nicht mehr gefährlich werden. Damit wird, in gewisser Weise, das Geburtstagslied von einst zum Grablied von heute. Das Virus stirbt, während der Mensch fröhlich schmettert. Aus Virussicht ein bitterer Moment.

Haushalt, der

In der vorpandemischen Zeit lebte man zusammen mit anderen, keiner nannte das seinen Haushalt, sondern eher seine Familie, seine Wohngemeinschaft, seinen Partner. Die Pandemie lehrte aber: So einfach ist das nicht. Denn von großer Bedeutung wurde nun die Menge der Personen, die im eigenen oder anderen Haushalt lebten. Wie viele Menschen durften sich auf Haushaltsebene begegnen, das war die Frage aller Fragen und erinnerte in der Komplexität der Beantwortung an die Lösung vom Zauberwürfel. Wenn man selbst zu dritt in einem Haushalt lebte und man bekam Besuch von einem anderen Haushalt, in dem eine Person lebte, konnte das in gewissen Zeiten durchaus erlaubt sein. Wenn aber die eigene Gruppe nun den Gegenbesuch abstatten wollte, ging das nicht. Die Frage »Seid ihr ein Haushalt?« wurde entscheidend, um Besuche zu ermöglichen oder zu verhindern. Blockwarte entdeckten auch kleinere Abweichungen der Höchstmengen, deren Definition durch Altersklassen noch verkompliziert wurden. Wie groß sollten Haushalte sein? Oder wie klein? Durfte der empfangende Haushalt größer sein als der eintreffende? Oder umgekehrt?

Unmissverständlich war, dass es nur zwei Haushalte sein durften, keiner mehr. Gerade im Zeitalter der Singles und entsprechender Single-Haushalte eine besonders bittere Regelung für die, die unter Einsamkeit litten.

Haushalte also wurden zu einer wesentlichen Bezugsgröße, fehlte nur noch, dass man den Sieben-Tage-R-Wert, bezogen auf die Haushaltsinzidenz zur Öffnung von Bolzplätzen auf Schulhöfen nach 22 Uhr, für die Entscheidung heranzog, ob Restaurants in ihren Außenbereichen Tische mit mehr als drei Stühlen aufstellen konnten. Omas und Opas Haushalt waren auch eine Herausforderung, sind eigentlich Zimmer in Seniorenresidenzen Haushalte? Wäre Udo Lindenberg zu Besuch gekommen, hätte er als Haushalt gezählt, obwohl doch dauerhafter Hotelgast?

Haushalte zu zählen war ein pandemisches Hobby. Im New Normal sollte man das wieder aufgeben können. Obwohl, an anderer Stelle bleibt der Haushalt wichtig:

Haushaltsüblich

Dieses schöne lange Wort löst immer den identischen Impuls aus: Kaufen, so viel wie nur möglich!

Denn »haushaltsübliche Menge« bedeutet ganz offenbar, dass ein Mangel existiert. Weshalb sonst sollte der örtliche Discounter in seine Anzeigen im Stadtblättchen schreiben: »Abgabe nur in haushaltsüblicher Menge«? Dem Discounter kann doch gleich sein, wer die von ihm feilgebotenen Produkte kauft. Er ist ja kein Gerechtigkeits-Institut, kein Brot für die Welt, kein Bob Geldorf. Er will die von ihm angebotenen Dinge loswerden, je schneller, umso besser. Nur darin besteht sein Sinn und Zweck.

Wenn er aber nun die Abgabemenge beschränkt, dann kann das nur bedeuten: Er hat davon nicht genug und will dafür sorgen, dass der Verteiler groß ist, dass also möglichst viele Menschen in der Lage sind, das zu erwerben, was er nur haushaltsüblich abzugeben bereit ist.

Wobei der Begriff »Abgabe« euphemistisch ist, denn auch wenn der Discounter etwas abgibt, insofern stimmt die Vokabel, nimmt er dafür auch etwas, nämlich das Geld der Konsumenten. Darum hat man sich eigentlich darauf geeinigt, so einen Vorgang nicht »geben« zu nennen, sondern »verkaufen«. So oder so, »haushaltsübliche Verkaufsmenge« heißt es nun mal nicht.

Wo aber steht geschrieben, was üblich ist in den Haushalten? Welche Haushalte eigentlich? Der Berliner Single-Haushalt mit Dachterrasse? Der friesische Drei-Generationen-Haushalt auf dem Bauernhof? Der DINK-Haushalt in Haidhausen? Und selbst wenn man davon den Durchschnitt nähme, ergibt sich daraus keine konkrete Aussage, welche Menge üblich sein könnte. Haribo Goldbären, um ein beliebiges Beispiel zu nehmen: Sind zehn Tüten üblich oder eine? Oder fünf, weil Durchschnittswert?

Es ist unlösbar. Und doch steht man mit seinen üblichen 20 Packungen Toilettenpapier an der Kasse, also 200 Rollen, vierlagig im Zweifel, um dann zu hören: »Tut mir leid, das ist leider nicht haushaltsüblich, bitte reduzieren Sie Ihren Warenkorb.« Haushaltsüblich ist eine Mengenangabe, deren Ungenauigkeit pure Absicht ist. Sie soll einfach nur bedeuten: Kauf so wenig wie möglich. Aber: Kauf! Denn die Gefahr ist groß, dass du schon morgen nichts mehr bekommst. Ein Marketingkniff erster Güte: Durch die Beschränkung der Verfügbarkeit wird Bedarf nach mehr ausgelöst.

Im New Normal wird es die Haushaltsüblichkeit also weiterhin geben. Die Erfahrung der Pandemie aber lehrt: Es ist in der Regel nicht nötig, den eigenen Haushalt in unüblichen Mengen mit einem Produkt zu versorgen. Dabei entstehen in erster Linie Lagerprobleme, Haltbarkeitsüberschreitungen und Budgetherausforderungen. Man sollte den Begriff der Üblichkeit also einfach dadurch verschwinden lassen, dass man eben nur die Mengen einkauft, die man wirklich braucht. Eine ziemlich naheliegende Lösung.

Hoffmanns-Kurve, die

Der BER war möglicherweise der erste und doch recht eindeutige Fingerzeig darauf, dass das Image eines perfekt organisierten Deutschland mit höchstmöglicher Effizienz und damit Vorbildes für alle anderen Staaten (gut, das mit dem Vorbild ist ja eh schon sehr lange vorbei ...) ein Irrtum ist. Doch nun ist er ja geöffnet, der große deutsche Hauptstadtflughafen, mit weniger Flugbewegungen als erwartet allerdings, was aber, zugegeben, nicht an der Qualität des Airports liegt. Die aber, die schon abflogen sind, wissen von einem Phänomen zu berichten, das weltweit einmalig ist und gerade in Zeiten von Maskenpflicht in der Kabine nicht gänzlich unproblematisch zu sein scheint.

Denn die sogenannte Hoffmanns-Kurve wird im Volksmund gerne »Kotzkurve« genannt. Worum es geht: Schon wenige Sekunden nach dem Start, auf etwa 500 Meter Flughöhe, wird eine steile und sehr spürbare Rechtskurve eingeleitet. Erfunden wurde das von einem Freizeitflieger, dessen Nachname eben Hoffmann ist. Dieses Manöver verhindert Fluglärm über einigen betroffenen Berliner Stadtteilen, ist also eine Freundlichkeit gegenüber denen auf der Erde, aber offenbar eine echte Herausforderung für jene in der Luft. Denn diesen wird schummerig, schwitzig, schwach und schließlich schlecht. Sehr schlecht.

In der Vergangenheit des Fliegens griff man dann ins auf der Rückseite des Vordersitzes angebrachte Netz, holte sich eilig die artig gefaltete Kotztüte heraus und schob sie sich unters Kinn. Damit hatte man die Sicherheit, dass der körperliche und tendenziell unfeine Vorgang an sich zumindest keine Auswirkungen auf Kleidung und Sitznachbarn hatte.

Aber nun, in Zeiten des New Normal, kommt es zu einer erheblichen und kaum lösbaren Erschwernis: Wie den Inhalt des Magens in die Tüte befördern, wenn doch die Maske noch den direkten Weg zwischen Lippen und Tütenrand behindert? Ein

Konflikt, und das in einer Stresssituation für Körper und Geist! Aerosole im Mund oder ... naja, eben anderes. Was ist schlimmer?

Das ist ein Beispiel für Entscheidungen, die es in der Präpandemiezeit einfach nicht gab und die nun zum Repertoire eines Weltbürgers gehören. In dem Fall auch wieder eher eine nicht so willkommene. Wie du es machst, ist es verkehrt. Oder man meidet den BER oder das Fliegen. Beides gute Ideen für postpandemische Zeiten.

Homeoffice, das

> Du bist heute im Homeoffice, oder?
> Ja, warum fragst du?
> Du druckst gerade hier im Büro eine Hotelbeschreibung in Acapulco aus, außerdem noch die Schritt-für-Schritt-Anleitung einer tantrischen Übungsfolge und den Entwurf eines Zwischenzeugnisses für dich. Hast du vielleicht den Drucker nicht auf den bei dir zu Hause umgestellt?

Zu Hause für das Unternehmen tätig sein wird im New Normal tatsächlich neu normal sein. Die Pandemie hat diese Entwicklung dynamisiert, und das wurde fraglos Zeit. Die Chefs von gestern und vorgestern, deren größte Sorge der eigene Kontrollverlust und die mangelnde Disziplin ihres Teams waren, können und müssen nach den viralen Zeiten einräumen: Es ist weitergegangen, es hat funktioniert, Homeoffice ist möglich. Wobei, nur zur Begriffsklärung: Das, was alle Homeoffice nennen, ist rein arbeitsrechtlich gesehen das sogenannte »mobile Arbeiten«.

Es genügt ein Blick über die Schultern der digitalen Meetingteilnehmer, um zu erkennen, dass die meisten davon eben nicht in einem Heimbüro sitzen, das der Arbeitgeber auf Berufsgenossenschaftniveau eingerichtet hat, sondern neben ihrem Bett, auf der Küchenanrichte, im noch nicht renovierten Gästezimmer, am Schminktischchen, auf der Couch, in der Badewanne und so weiter. Von Office keine Rede also. Dennoch, so heißt es eben nun, wenn man nicht zum Arbeitsplatz pendelt, sondern vom eigenen Heim aus tätig ist.

Arbeitsplätze werden nun flexibler als zuvor organisiert werden, eine Aufteilung der Arbeitszeitverbringung wird zur neuen Normalität werden und damit auch ein stetig professionellerer Arbeitsplatz in den eigenen vier Wänden. Homeoffice ist aber nicht nur Segen, diverse Herausforderungen werden in Zukunft neu auf die Arbeitnehmer zukommen:

👉 Arztbesuche:
  besser an Bürotagen, um noch mehr Stunden von der Uhr zu bekommen?

👉 Friseurbesuche:
  während Homeoffice nur dann möglich, wenn sich nichts fundamental an der Frisur ändert (es sei denn, der Chef ist ein Mann, dem fällt das eh nicht auf).

👉 Neuorientierung bei Paartherapien:
  Wo es früher hieß: »Wir sehen uns zu selten, er arbeitet die ganze Zeit!«, heißt es jetzt: »Wir sehen uns zu viel, er arbeitet die ganze Zeit!«

☞ Private Kommunikation:

als Teammitglied im Großraumbüro nur in der Pause durch-
führbar. Nun ganztags möglich, rein theoretisch:

»Hallo Mama! Ja, ich sitze am Schreibtisch! Nein, ich bin
nicht in der Raucherecke! Ja, ich kann frei sprechen! Nein,
der Chef ist nicht in der Nähe! Ja, er ist immer noch so ein
blöder Aufschneider! Nein, mein Gehalt wurde nicht ange-
hoben! Ja, das ist irre ungerecht, zumal der Manuel offenbar wieder aufgestiegen ist! Nein, ich steh nicht auf ihn! Ja,
der wäre sicher eine gute Partie! Ja, Mama, ja!« – »Hallo,
Kollegin, wir warten alle auf dich hier bei Zoom, legst du
jetzt bitte mal auf, aber schöne Grüße kannst du Mama sagen vom Manuel!«

Es werden reichlich steuerliche Fragen zu klären sein: Ist die
Anschaffung einer Hollywoodschaukel für den Garten eine Art
Motivationsinstrument (adäquat zum Pausenraum im Unternehmen) oder eine reine Freizeitbeschäftigung? Ist die EMC Es-
pressomaschine für 2500 Euro ein privates Vergnügen oder nur
der Ersatz für den Kaffeeautomaten in der Büroküche? Dient
der antike Perserteppich (12 000 Euro) der Verschönerung des
Wohnraums oder ist es eine von der Berufsgenossenschaft
geforderte akustische Maßnahme zur Konzentrationsförde-
rung? Sind die hochwertigen Hifi-Lautsprecher von Burmester
(20 000 Euro) eine Investition in die Stereoanlage oder ein Beitrag
zur Verbesserung der Sprachverständlichkeit bei digitalen Meetings? Die Finanzämter werden fantasievolle Homeofficer erleben, diese aber ihrerseits strenge Beamte ohne viel Verständnis.

»Der Verkehr heute morgen war wieder fürchterlich!« Dieser vormals gern genutzte Bürospruch beispielsweise könnte in der Zoom-Konferenz Missverständnisse auslösen. Aber auch »Heute bin ich pünktlich gekommen«, an sich an Harmlosigkeit nicht zu überbieten, kann eine vollkommen andere Bedeutung erhalten, sagt man ihn im digitalen oder im analogen Meeting. Homeoffice bedeutet also auch einen veränderten Sprachgebrauch.

Homeschooling, das

Durch chaotische Stundenplanorganisation, unklare Unterrichtsthemen, scheinbar willkürliche Präsenz- und Nichtpräsenzstunden, stetig wiederkehrende Stundenausfälle wegen Corona oder anderer Erkrankungen der Lehrkräfte mussten Väter und Mütter neu in die Lernstoffe einsteigen, um ihren Nachwuchs unterstützen zu können. Ergebnis: Die Zensuren der Schüler sackten im Mittel um eine Stufe ab, die der Eltern stiegen um zwei Punkte.

Im New Normal werden die Volkshochschulen diesen positiven Trend aufnehmen und neuartige Kurse anbieten:

- Genetik im Bio-LK für Eltern
- Goethes *Wahlverwandtschaften* – Mittelstufe für Mütter und Väter
- Elterliche Geometrie für den MSA
- Das Abc für Oma und Opa
- Französisch für das Au-pair
- Orientierungsstufen-Chemie für die Tagesmutter

Hopkins, Johns

1867 schrieb der erfolgreiche amerikanische Geschäftsmann, unverheiratet, weil er sich in seine Cousine verliebt hatte und die Hochzeit interfamiliär nicht genehmigungsfähig war, er aber keine andere wollte, sein Testament. Zu dem Zeitpunkt gab es eine große Typhus-Epidemie unter seinen Landsleuten, den Iren, und er entschied, dass sein Geld nach seinem Tode zum Bau eines Hospitals verwendet werden solle. Außerdem solle auch eine Universität gegründet werden. 1873 starb er, sein Hund Zeno an seiner Seite, es war einer der kältesten Winter in Baltimore, und die Anekdote sagt, er habe sich auf dem Weg zur Arbeit nicht adäquat gekleidet und erkrankte deshalb an einer viralen Lungenentzündung.

Seine sieben Millionen Dollar, damals eine ungeheure Summe, wurden dann ins Krankenhaus, kurz danach in die neue Universität investiert. Dass nun die gesamte Welt covidmäßig von seiner Gründung täglich gemessen, durchleuchtet und dokumentiert wird, wäre ihm eine Freude gewesen, er war ein Menschenfreund, sagt man. Und er hieß mit Vornamen wirklich Johns, nicht John, auch wenn das jedem, der den Namen der Uni zum ersten Mal hört, wie ein Fehler vorkommen mag.

Johns' zweite große Gabe für die Menschheit ist seine Benimmregel zum Champagner: Sein Glas nicht zwingend auszutrinken, wenn man nicht mehr kann, aber auch keins abzulehnen. Eine Regel, die es im New Normal umzusetzen gilt.

Host, der

Früher, also 2020 und davor, nannte man jemanden, der andere einlud, Gastgeber. Das ist vorbei. Denn die Gäste versammeln sich nun vor ihrem Device, schauen alle in die jeweilige Displaykamera und warten darauf, dass der virtuelle Raum geöffnet wird. So steht es dann auch auf dem Bildschirm: »Bitte warten Sie, bis der Host das Eintreten ermöglicht.«

Der Host, nicht zu verwechseln mit dem deutschen Horst, wird auch die Zukunft bestimmen: »Zur Goldenen Hochzeit von Annika Schablonski und Kalle Schockemöhle laden wir herzlich ins Restaurant *Zum fliegenden Virus* ein. Wir freuen uns auf euer Kommen! Eure Hosts.«

Der Host sorgt sich im New Normal allerdings in erster Linie um sich selbst. Die Idee früherer Gastgeber, für Getränke und Speisen verantwortlich zu sein, wird nun aufgegeben. Thermoskannen mit Ingwertee, Tässchen mit Espresso Macchiato oder BPA-freie Flaschen voller Zitronenwasser werden stattdessen von den Gästen selbst zur Verfügung gestellt, konsumiert – und natürlich auch bezahlt.

Hosts sind per se nicht sehr gastfreundlich. Müssen sie auch nicht sein, die Gäste, die keine sind, kommen in jedem Fall. Aber der Host lädt nicht wirklich ein (das hätte ja den Charme einer möglichen Absage), sondern er ist nur der Organisator eines Meetings, einer Videokonferenz. Er kann sich seiner Sache sicher sein. Und die Gäste werden zu Teilnehmern. Und so wird es im New Normal nicht mehr heißen: »Bist du auch eingeladen zum Bundespresseball?« Sondern stattdessen heißt es: »Nimmst du auch teil?«

Nicht zu verwechseln ist übrigens dieser Host mit dem Host der IT-Abteilung, der allerdings nicht selten ein echter Horst sein kann. Denn er ist nur ein Computer und lädt weder ein noch aus, sondern nur auf. Auch nur dann allerdings, wenn es gerade mal funktioniert ...

Hotspot, der

1. WLAN-Module, die der Allgemeinheit zur Verfügung stehen (wobei, naja, in der Bahn heißen die auch Hotspots, sind aber in der Regel No-Spots ...).
2. Orte, zu denen man unbedingt will
3. Orte, zu denen man auf keinen Fall will

Das hat es in der Eindeutschung englischer Worte (dem sogenannten Denglisch) wohl so noch nie gegeben: dass ein Wort zwei Bedeutungen hat, die komplett gegensätzlich sind! Darum hier ein kleines Spiel:

Welcher dieser Orte ist kein Hotspot?

- ☞ Schrozberg
- ☞ Berghain
- ☞ Papenburg
- ☞ Kampen auf Sylt
- ☞ Oelsnitz

- 👍 Champs-Élysées
- 👍 Gütersloh-Verl
- 👍 Blaufelden
- 👍 Offenbach-Mathildenviertel

Die Antwort: Alle sind oder waren es. Die Bedeutung für dieses Phänomen kann gar nicht hoch genug eingeschätzt werden. Jedes Örtchen, jeder Marktflecken, ja, jede Schlachterei (gerade die haben es gezeigt im ostwestfälischen Terrain) kann mit geringem Aufwand und ohne jeden Marketingetat in Sekunden zum Hotspot werden! Es spielt doch keine Rolle, ob die Antwort »Ja!« auf die Frage »Warst du schon mal in Zwickau?« Erschrecken oder Begeisterung auslöst. Denn wie sagt es die erfahrene Werbeagenturleiterin: Auch schlechte Werbung hilft. So ist es auch in diesem Fall. Man war da, mittendrin, im Hotspot. Die Website hotspot.de wird von der Telekom betrieben, deren Slogan nicht umsonst ist: »Erleben, was verbindet.«

Hospots also werden im New Normal den Alltag weiterhin prägen, den Tourismus anheizen und den Alltag, so oder so oder so, prägen.

Hula-Hoop, der/das

Schon im *Corpus Hippocraticum* wird der Reifen, denn so wird er genannt im Deutschen, als hilfreiches Instrument empfohlen, um sich sportlich zu betätigen. Damals waren die Reifen wahrscheinlich noch aus Stein, die gymnastischen Übungen hatten also in erster Linie muskelaufbauende Wirkung, aber später dann wurden sie aus Holz gefertigt und konnten eingesetzt werden, um entweder im Rahmen des Bodenturnens elegante rhythmische Bewegungen zu zeigen (gern ergänzt durch Kegel, Band und Ball) oder aber mithilfe kreisförmiger Hüftbewegungen den Reifen auf Taillenhöhe in ständigem Rotieren zu halten.

Dann kamen die 1950er-Jahre, das Hawaiihemd wurde erfunden, und später in diesen Landen durch Jürgen von der Lippe bekannt gemacht. Und der hawaiianische Reifen, den Seefahrer im 19. Jahrhundert dort entdeckt hatten, wurde von Wham-O in Australien erstmals aus farbenfrohem Plastik gebaut und erwies sich schnell als weltweiter Exportschlager. Das leichte Material erleichterte den eifrigen Damen das Obenhalten und sah außerdem noch très chic aus! Der dazu passende Film mit Rex Gildo und Cornelia Froboess kam gleich dazu und hieß folgerichtig *Hula-Hoop, Conny*! Denn so heißt er seitdem, produziert wurde er in amerikanischer Lizenz übrigens hier von Playmobil, durchaus passend, spielten doch Kinder und Damen mit ihren Figürchen.

Dann kam das Virus, änderte das Leben, ließ alles rotieren, auch die Sehnsucht nach den fernen Zielen stieg wie in den 1950ern wieder an, Hawaii wurde wieder Sehnsuchtsziel. Geschlossene Fitnessstudios, die ewig gleichen Spaziergänge, deren Streckenverlauf man längst auch rückwarts und im Schlaf auswendig kannte, kein Platz fürs Rudergerät und ungenügende Ambitionen für das Peloton-Rad mit Abo: Da kam der Hula-Hoop gerade recht und wurde zum beliebten Sportgerät der Pandemie. Man durfte sich fühlen wie seinerzeit Conny und Rex, sah sich am Strande zur Ukulele tanzen und baute gleichzeitig

Muskeln auf und Kalorien ab. Da es sich um eine Mono- oder Single-Beschäftigung handelte, gab es auch keinen Grund zur Scham, man machte es schließlich »nur für sich«.

Hula-Hoop ist kein Thema mehr im New Normal. Die Reifen werden in die Keller oder unter die Betten geschoben, vergessen und Jahre später von der nächsten Generation zufällig wiederentdeckt. Und so werden in 60 Jahren die Girls ausrufen: »Oma, was ist das denn?«

Hupen, das

Im ersten Lockdown im März 2020 entstand eine Protestbewegung vieler selbstständiger Busunternehmen, die sich »Honk For Hope« nannte. Sie hupten für Reisefreiheit und Beständigkeit ihres Business. Sie hupten laut und für sich. Dennoch fuhren die Menschen aber nicht mehr mit den Bussen, vielleicht war ihnen das Hupen zu unangenehm auf dem Weg zum Altmühltal.

Dann aber änderte sich das Bild, denn eine Gruppe von Menschen wollte in jedem Fall mit dem Bus fahren: Demonstranten gegen das Coronavirus. Oder eigentlich nicht gegen das Virus, sondern gegen die, die etwas taten gegen das Virus. Die Grundeinstellungen der hupenden Unternehmer und der demonstrierenden sogenannten ganz normalen Bürger passten hervorragend zusammen, und so wurden die Busse wesentliche Bestandteile des Logistiksystems für genehmigte und nicht genehmigte Auftritte vornehmlich in Großstädten.

Diese Honks fuhren also hupend hin und her und sammelten ihre Gäste im ganzen Land auf, an zentralen Sammelpunkten warteten größere und kleinere Gruppen Widerstandswilliger. Und es kam, wie es kommen musste: Im Februar 2021 wurde in einer wissenschaftlichen Studie der Humboldt Universität Berlin darauf hingewiesen, dass die Sieben-Tage-Inzidenz in Kreisen und Städten, in denen die Demo-Busse Halt gemacht hatten, signifikant anstieg. Andere Einflüsse als genau die Busfahrten konnten ausgeschlossen werden. So verbreiteten die Busfahrer also genau die Krankheit, deren Existenz sie bestritten.

Hupende Busfahrer sind schon immer eher Ärgernis als Grund zur Freude gewesen. Aber nun wurden sie auch noch gesundheitsschädlich. Man sollte im New Normal die Wahl der Busunternehmen, mit denen man verreisen möchte, sicher auch mit der Fragestellung angehen: Hupen die Fahrer?

Hybrid

Hybrid ist das neue gleichzeitig. Was nicht hybrid ist, ist irgend-wie gar nicht. Hybrid ist im Grunde das weibliche Gehirn, von dem man ja sagt, es sei multifunktional und könne parallel meh-rere Dinge auf einmal und auf hohem Niveau hinbekommen. Im männlichen Gehirn, so haben es die Forscher herausgefun-den, scheinen die beiden Gehirnhälften (immerhin, das ist ja erst einmal erfreulich, haben Männer ebenfalls zwei Hälften) mieser miteinander verbunden zu sein. Darum funktionieren Männer nicht sehr hybrid. Denn hybrid bedeutet, zwei Dinge zusam-menzubringen, die auch allein funktionieren würden, nur wahr-scheinlich nicht ganz so gut.

Autos sind schon etwas länger hybrid, sie können also in althergebrachter Art und Weise mit Kraft versorgt werden (also mit Benzin in erster Linie) oder mit Strom aus der Batterie, entweder, indem man den Wagen an eine Steckdose anschließt, oder aber, indem der Motor beim Fahren die Batterie auflädt, das nennt man dann Plug-In-Hybrid oder Vollhybrid. Mildhybrid gibt es auch, aber irgendwie ist das schon wieder alte Technologie. Hybride jedenfalls wurden in der Pandemie das Ding schlechthin. Zum Beispiel der hybride Unterricht: Der ist, ähnlich wie das hybride Semester, ein Mix aus on- und offline Lehrveranstaltungen. Spannend für alle, wann welche Form gerade angesagt ist, nicht immer ist das so eindeutig.

Hybride Videokonferenzen gibt es auch. Da sitzen viele an ihren Devices verteilt in der ganzen Welt, einige aber sitzen in unterschiedlichen Gruppengrößen in einem Sitzungsraum, schauen gemeinsam auf die angebeamte Leinwand und sprechen in ein zentrales Mikrofon. Teilnehmer berichten aber über hybride Probleme bei dieser Form der Kommunikation, denn die nur digital Zugeschalteten fühlen sich weniger nah am Geschehen als die gemeinsam im Meetingraum Befindlichen.

Hybrid sind auch Prüfungen, Analysen, Armbanduhren, Maschinen, Zeitschriften, Münzen. Dieses Buch ist auch hybrid, es existiert eine gedruckte und eine digitale Version.

Das New Normal wird also ein hybrides Zeitalter sein. Ob das Grund zu analoger Sorge oder digitaler Freude ist, weiß man nicht. Die Frage danach lässt sich nur hybrid beantworten.

Hygienekonzept, das

Früher hieß das:

☞ Benutz die Fußmatte, bevor du reinkommst!

☞ Mund mit dem Pulloverärmel säubern vor dem Trinken aus der gemeinsamen Flasche!

☞ Einmal über den Kneipentisch wischen.

☞ Ein Tempo-Taschentuch höchstens achtmal benutzen.

☞ Hände waschen nach der Benutzung der Toilette!

☞ Mund abwischen nach dem Schokopudding.

☞ Bimsstein

☞ Mundspülung

Im New Normal ist es komplizierter.

PRÄPANDEMISCHE FILME

Die Filmindustrie lebt schon immer von Katastrophen, Schicksalen oder außergewöhnlichen Helden. Einige davon wirken jetzt wie pandemische Science-Fiction:

- *Außer Atem*
- *Der Dritte Mann*
- *Das Fenster zum Hof*
- *Der Frosch mit der Maske*
- *Der Hauch des Todes*
- *Die Maske des Zorro*
- *Mission Impossible*
- *Vier Fäuste für ein Halleluja*
- *Vom Winde verweht*
- *Der unsichtbare Dritte*

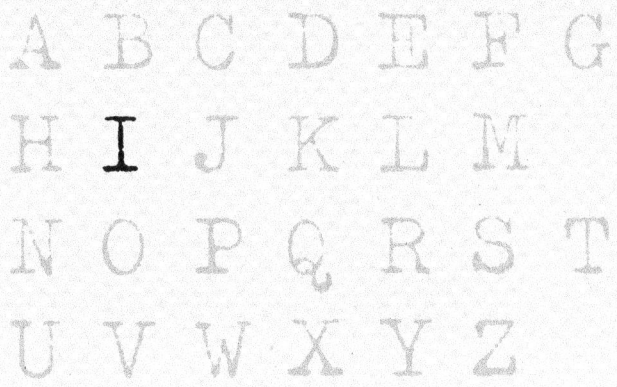

A B C D E F G
H **I** J K L M
N O P Q R S T
U V W X Y Z

Impfneid, der

Gespräche in der Pandemie liefen nicht selten ungefähr so ab:

Mensch, ich bin endlich geimpft!

Glückwunsch! Aber du bist doch noch keine 80!

Ne, 42.

Ja eben, aber dann wohl schwer übergewichtig ...

Haha.

Genau, du bist schlank, jung und gesund. Warum dann geimpft? Welche Gruppe bist du? 3, 2?

Ne, meine Oma durfte zwei nahestehende Pflegende angeben. Hat sie mich genannt.

Aber du pflegst deine Oma doch gar nicht.

Natürlich nicht, die braucht ja auch gar keine Pflege.

Aber sie durfte das dennoch angeben?

Ja, keine Ahnung, wieso.

Krass, aber typisch dein Bundesland. Mein Vater ist 93, akut krebskrank, außerdem hat er Adipositas und Diabetes, aber noch immer keinen Termin!

Tja, muss er eben umziehen!

Von einer früheren Schulfreundin weiß ich, dass deren Mann mit 39 auch schon geimpft ist.

Echt? Warum denn der?

Lehrer in der Berufsschule.

Mensch, wärste also mal Lehrer geworden!

Verdammt. Offenbar sind alle schon geimpft, nur ich nicht.

Hast du denn keine Kontakte?

Was nützen denn Kontakte? Ich bin nun mal nicht krank und ohne Gruppe!

Wie, keine einzige Krankheit?

Doch, ich hatte mal Lungenschmerzen, aber das ist fünf Jahre und zwei Tage her. Damit gehöre ich nicht zur Gruppe der Betroffenen.

Das tut mir leid, echt.

Womit bist du denn geimpft worden?

Astra Zeneca.

Ach so.

Wie, ach so?

Naja, keine Angst gehabt? Thrombose und so?

Naja, die in Großbritannien sind alle damit geimpft worden. Ich denke, das wird übertrieben.

Jaja, aber jetzt mit diesen Mutanten, da soll ja Moderna besser sein. Ja, aber besser eine mittlere Impfung als keine, oder?

Ja, klar, aber wenn man die Wahl hätte, würde man sicher ...

Oh Schreck, kein BioNTech, sagt das Sprichwort.

Bald haben eh alle einen Termin. Hoffe ich mal, dass das stimmt.

Das sogenannte Impfangebot? Das dauert dann doch immer noch Monate!

Ist ja auch blöd, wenn bald den Geimpften alles erlaubt wird, und man selbst ist nicht dabei.

Also, bis bald mal.

Ja, melde dich, wenn du das endlich hinbekommen hast!

Im New Normal gibt es nur zwei Gruppen: die Geimpften und die Nichtgeimpften. Die Dialoge werden also anders verlaufen. Und doch wird man sich an solche Momente der Eifersucht erinnern.

Impfpass, der

Was wurde nicht alles ausgetauscht in den letzten Jahren? Der zerfledderte grüne, später rosa Lappen, also der Führerschein mit atemberaubenden Bildern aus dem Gruselkabinett der eigenen Jugend wurde zum Plastikkärtchen. Der Personalausweis, ehemals ein hübsches Heftchen, schrumpfte zuerst in ein kleineres Format auf eingeschweißtem Papier, dann nahm auch er die noch kleinere Dimension der Scheckkarte an. Der Wuermeling-Pass wurde zur Bahncard, das Ihr-Platz-Rabattheftchen zur

Kundenkarte, das Hängeregister der Arztpraxis verwandelte sich in die Patientenkarte.

Alles also bekam einen fälschungssicheren, kleinformatigen, haltbareren und modernen neuen Look. Nur das Impfheftchen in starker Signalfarbe Gelb ließ man lange unberührt und klebte artig Nachweise für Masern-, Kinderlähmungs- und Tetanusimpfungen hinein. Das allgegenwärtige Hauptproblem des Impfpasses war immer schon: Wo ist das verdammte Ding? Man nutzte ihn in der Regel so selten, dass man immer dann, wenn man ihn zum Einsatz bringen wollte, keine Erinnerung mehr an die letzte Verbringung hatte. Und so gibt es gar nicht wenige, die mehrere Ausführungen dieses Dokuments ihr Eigen nennen und deren Überblick über die erhaltenen Impfdosen so völlig verloren schien.

Dieser altvordere Impfausweis, wie er auch heißt, wurde 1962 international eingeführt und hat seither offenbar jedem Digitalisierungsversuch erfolgreich widerstanden. Und ähnlich wie die Schallplatte, die heute von einem Umsatzhoch zum nächsten schnellt, obwohl die digitalen Ausgabeformate praktischer und preiswerter sind, kann man auch beim Impflappen ohne Frage gratulieren zum Ehrenpreis: Dokument des Jahres 2021!

Zum einen: Ohne das gelbe Papier erfolgt keine Impfung, es ist also die Voraussetzung für die Vermeidung von Krankheit. Allein deshalb erfährt dieses Retro-Dokument nun eine nie geahnte Aufmerksamkeit. Dann entwickelte es sich aber weiter und wurde zum VIP-Pass für Events. Wer sich beim Einlass als Very Impfed Person ausweisen kann, darf hinein ins Vergnügen. Das aber auch nur dann, wenn die Markierung doppelt vorkommt. Der Halbgeimpfte ist zwar bereits ein risikoloserer Geselle, doch nur, wer sich wirklich alles reingezogen hat, bekommt lauter Sonderrechte. Was, kaum erstaunlich, die Nicht-Geimpften und die Impfverweigerer auf die Idee brachte, das gelbe Zettelchen selbst zu drucken und voller Fantasie mit Doktornamen, Stempeln und Aufklebern zu versehen – zu fälschen also. Denn nur so kann man seine Karriere als Superspreader erfolgreich weiterführen.

Verblüffend ist auch, wie viele der per Attest bewiesenen Maskenallergiker gleichzeitig Impfablehner waren, dennoch aber einen korrekt ausgefüllten Impfpass vorweisen konnten. Die EU hat aber das Dilemma erkannt und schuf den digitalen Impfausweis. Er soll das Problem lösen.

Im New Normal also wird die digitale Card-Variante als nächster Evolutionsschritt übersprungen, die App auf dem mobilen Endgerät löst stattdessen die schönen alten Lappen ab und schiebt dem Fälschen und Betrügen einen Riegel vor. Noch selten konnte man einer Digitalisierung mehr Sympathie abgewinnen als dieser.

Inzerdings, die

Eine der vielen Schreibweisen der Inzidenz, als man noch nicht gewohnt war, diesen Begriff häufig zu nutzen. Alternativ auch:

- 👉 Indizens
- 👉 Inzizins
- 👉 Inzincent

👍 Indiezeh

👍 Indidenz

Im New Normal wissen nun alle, wie es wirklich geschrieben wird:

Inzidenz, die

Ein Begriff, der einem im New Normal so locker über die Lippen kommt, als sei er immer da gewesen, als hätte man ihn immer gebraucht. Das Wort erinnert an das Indiz, es ist wenig inzentiv. Auch die Inzisionsbiopsie würde man gerne vermeiden, insbesondere dann, wenn der Ausführende ein Problem mit der Inzyklotropie haben sollte.

Incidere, das wissen alle alten Lateiner, bedeutet »vorfallen«, im Sinne von »sich ereignen«. Darum haben sich dieses schöne Verb die Epidemiologen geschnapppt und es substantiviert, während sie seit langen Jahren die Verbreitung von Neuinfektionen in einer Gesellschaft ausrechnen. Das allein schien nicht zu genügen, darum versuchte man diese Werte mit Regionen, Laufzeiten, Durchschnittswerten zu präzisieren. Und gleichzeitig erfuhren die staunenden Laien, dass – andere Länder, andere Sitten – dieser Wert nicht überall dieselbe Bedeutung bei der Gefahrenbetrachtung erhielt. Steht eigentlich das R im R-Wert für die Relevanz? Wer weiß das schon?

Die Leibniz-Gemeinschaft hat an die 1000 Begriffe gefunden, die durch die Pandemie entweder neu geschaffen wurden oder aber eine Neubewertung erhalten haben. Viele davon werden wieder verschwinden aus der Sprachwelt, einige aber werden überleben und ihren Siegeszug im New Normal antreten. Inzidenz gehört dazu und ist vielfältig einsetzbar:

☞ »Von 20 Klassenarbeiten sind nur vier gut oder sehr gut. Die Inzidenz der Dummheit in dieser Klasse ist also ausgesprochen hoch.«

☞ »Sag mal, Schatz, bekommen wir in der nächsten Woche eine Orgasmus-Inzidenz von vier hin?«

☞ »Seitdem wir unser Produkt auch in der schicken Farbe Taupe anbieten, ist die 100-Tage-Inzidenz der Verkäufe deutlich angestiegen!«

Darüber hinaus könnte sich daraus auch ein schöner neuer Abzählreim ergeben, dessen Doppeldeutigkeit sowohl Kinder als auch Erwachsene erfreuen wird: »Inzi Binzi Bu, geimpft bist du!«

KINDERSERIEN IM TV

Gerade der jungen Generation sollte man die Pandemie gut erklären. Ehemals erfolgreiche Serien oder Filme bedürfen deshalb nun kleiner Mutationen:

- *Der Fliegende Ferdimutant*
- *Das Handmännchen*
- *Löwenspahn*
- *Lucie und der Schrecken auf der Straße*
- *Meister Eder und sein Mumaskel*
- *Pandemie Tau*
- *PCRson und Findus*
- *Robbi, Kochi und das Institut*
- *Teenage Mutant Covid Turtles*
- *Zoom und besuch mal Barbapapa!*

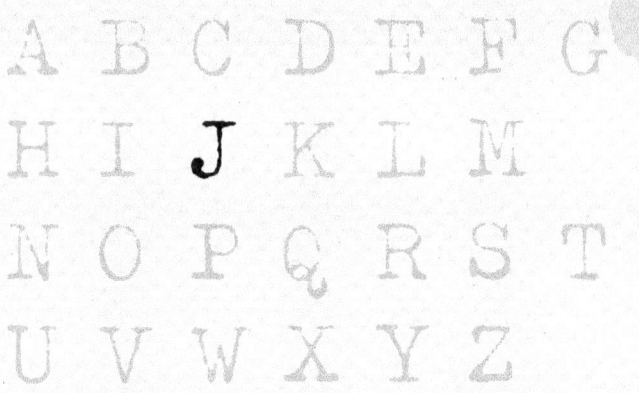

Jogginghose, die

Die Warnung vor dem Tragen derselben ist längst zum geflügelten Wort geworden. Und auf ganz andere Art, als zunächst gedacht, haben sich die Worte auch als wahr erwiesen.

Genau das passierte in der Pandemie, keine Frage. Weltweit verloren die Menschen die Kontrolle über ihr Leben. Die gerade logische Antwort auf die Frage nach dem Grund war also die Jogginghose. Die Kleidungsindustrie taufte das Produkt eilfertig um, nun ist sie Bestandteil des »Lounge Styles«, der auch im New Normal nicht mehr verschwinden wird.

Warum auch? Weit, bequem, warm und auf geradezu geniale Art formschön (im Sinne von: die neue Form durch die Gewichtszunahme in der pandemischen Zeit schön verbergend) ist sie ein Produkt, dem man zu lange seine Würdigung vorenthalten hat. Alle Topdesigner gestalteten sofort coole Jogginghosen, enger geschnitten beispielsweise, aus dünneren Stoffen, kürzer auch, also, anders gesagt, sie gestalteten sie so, dass sie ihrem eigentlichen Zweck nicht mehr entsprachen. Das ist egal. Denn der Begriff der »Jogginghose« ist ohnehin ein purer Euphemismus. Wenn nämlich eines damit kaum vollzogen wird, dann Jogging. Eher sitzt man auf dem Sofa und schaut Netflix-Serien, sitzt am Tisch und isst, sitzt auf dem Schreibtischstuhl und arbeitet, sitzt auf der Toilette (gut, dann sitzt sie anders ...), und sie sitzt auch, nämlich immer gleich schlecht. Oder sie dient als modisches Statement von Trendsettern und Hipstern, die die Designvariante mit großformatigem Logo selbstbewusst zur Schau tragen.

In all diesen Fällen joggt jedenfalls keiner damit. Zum Joggen nimmt man eher enganliegende Leggings oder atmungsaktive Funktionskleidung. In der Pandemie wurde mehr gejoggt denn je, gleichzeitig wurde die Jogginghose so viel getragen wie noch nie, und trotzdem gibt es zwischen beidem überhaupt keinen Zusammenhang. Das wird sich im New Normal auch nicht ändern.

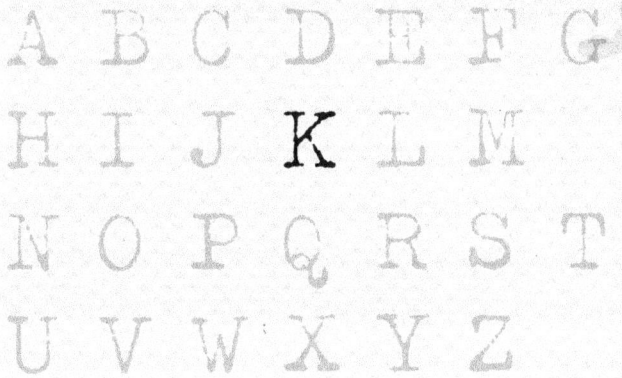

Klatschen, das

Ähnlich wie das Balcanto war es ein in der Frühphase der Pandemie begonnenes Ritual, regelmäßig von den Balkonen aus gemeinsam zu klatschen, um dem Pflegepersonal für ihren großen und wichtigen Einsatz zu danken.

Obwohl die Dankbarkeit über die Monate danach sicher immer mehr gewachsen ist, endete der Applaus recht schnell wieder. Offenbar war dem Volk nicht nach klatschen. Applaus ist in der Pandemie insgesamt ein rares Gut geworden: keine Konzerte, keine Auftritte, keine Aufführungen, keine Gruppenerlebnisse mehr, die Anlässe hätten geben können.

Dann kam die EM am Ende der dritten Welle, und das Gruppenklatschen erlebte noch einen großen emotionalen Höhepunkt: Beim Spiel der Belgier und Dänen wurde die Partie in der zehnten Spielminute angehalten, eine Minute lang applaudierten Spieler und Zuschauer zu Ehren des dänischen Spielers Christian Eriksen, der wenige Tage vorher mit einem Herzstillstand auf dem Spielfeld zusammengebrochen war.

Im New Normal sollte man mit dem Applaus überreich umgehen. Er fehlte sehr. Ganz sicher auch dem Pflegepersonal.

Kreuzfahrt, die

Die Pandemie brachte der Kreuzfahrtindustrie eine große Umsatzdelle. Was war geschehen? Das Virus brach auf den gigantischen Schiffen aus – nicht erstaunlich, wenn man bedenkt, wie eng und übervoll es dort zugeht. Die über 1000 Besatzungsmitglieder leben auf allerengstem Raum in überfüllten kleinen Kabinen ohne Bullauge, geschweige denn bodentiefen Fenstern oder Balkonen! Brauchen die ja auch nicht, schließlich sollen sie ja arbeiten, denken die Betreiber offensichtlich. Dafür bekommen sie schließlich ihren Lohn. Naja, so viel ist das nicht, denn die allermeisten kommen aus den Philippinen, nachdem die Mittel-und Südamerikaner einfach zu teuer wurden, ohne größeres Sozialsystem, und die sollen wohl dankbar sein, überhaupt einen Job abbekommen zu haben. Außerdem: Immerhin zweimal im Jahr dürfen sie für eine knappe Woche zu Hause bei ihren Liebsten sein! Das alles natürlich ganz ohne Betriebsrat, denn der kann aus rein organisationstechnischen Gründen leider an Bord nicht gegründet werden. Ist aber echt kein Problem, es gibt schließlich auch Personalessen, zugegeben, nicht ganz auf dem Niveau der diversen Restaurants für die Passagiere, aber die Reste der Buffets werden dem Personal auf jeden

Fall anschließend zur Verfügung gestellt, bevor sie dann vernichtet werden, die geschätzt 30 Tonnen wöchentlich, die da zusammenkommen.

Kreuzfahren sei ein Spaß für die ganze Familie, verheißen die Prospekte. Es ist wie ein Mix aus Großraumdisco, Rummelplatz, Betriebskantine und All-inclusive-Hotelanlage, eine zentral gesteuerte Unterhaltungsmaschine, ein Las Vegas im Meer und nicht in der Wüste. Und jeden Tag gehen alle von Bord, schauen sich die Hafenstädte an, rennen auf entsprechend für sie vorbereitete Einwohnermärkte mit »echter« Handwerkskunst »aus der Region« und sind, da bestens gesättigt, nicht interessiert an der echten Küche des Gastlands. Land und Leute sieht man ja, das reicht nun wirklich, schnell zurück in die Sammelbusse und ans Mottobuffet, heute, man liegt in Dubrovnik, Hauptsache mal wieder das Beste aus Italien!

Erstaunlich, dass diese Virenschleudern, Altölablasser und CO_2-Produzenten vom Publikum immer noch gemocht werden. Im New Normal scheinen andere Reisearten möglicherweise die bessere Wahl.

Kugelschreiber, der

»Bitte unterschreiben Sie hier!«

Was in der guten alten Zeit eine einfache Aufgabe war, ist zu einem komplizierten Vorgang geworden. Denn mit welchem Kugelschreiber bitte? Vor der Pandemie übergab der Unterschriften-Erbitter dem Unterschreiber seinen Kugelschreiber, dieser ging also von einer nackten Hand zur anderen. Selbstverständlich eine krasse Fahrlässigkeit, die nun durch ein Hygiene-konzept vermieden wird.

Denn jetzt stehen vor dem Unterschreiber oft zwei kleine Becher. Auf beiden klebt ein Zettelchen, einmal mit der Aufschrift »Neu« und einmal mit »Gebraucht«. Alternative Formulierungen für beides gibt es zuhauf, etwa: alt, frisch, sauber, virenfrei, desinfiziert, verseucht und so weiter. Entscheidend ist, diese Hinweise auch zu erkennen und gleich richtig zu handeln. Aber … das genau ist das Problem. Mal steht das saubere Becherchen links, dann rechts, nicht selten ist die Handschrift auf dem Zettel schwer oder gar nicht lesbar, außerdem gibt es auch noch das Leerer-Becher-Phänomen, das erstaunlicherweise ausschließlich den sauberen Becher zu betreffen scheint, denn der mit den benutzten Kugelschreibern ist eigentlich immer voll.

So oder so braucht es eine Menge Vertrauen, denn wie sicher kann man sich sein, dass bei der Verteilung der Kugelschreiber die sauberen wirklich in den sauberen Becher gesteckt wurden? Was, wenn diese aus Versehen in den Schmutzbereich integriert wurden? Noch schlimmer und aussichtsloser: Der Unterschreiber steckt aus Versehen den benutzten Stift ins falsche Töpfchen. Und keiner merkt das.

Nun muss man sagen, dass praktisch jede virologische Untersuchung deutlich macht, dass die Übertragung über Flächen dieser Art eher unwahrscheinlich ist. Aber es gibt ja auch Lottogewinner, obwohl das noch weit unwahrscheinlicher ist. Also gilt es, das Kugelschreiberproblem in den Griff zu bekommen. Es gibt wohl nur eine, allerdings recht naheliegende Lösung für den sensiblen Virusvermeider: Die Mitnahme eines eigenen

Kugelschreibers. Damit wird dieser auch wieder zu einer herrlichen Geschenkidee! Das New Normal wird trotz aller digitaler Veränderung also auch wieder die Ära des Kugelschreibers. Eine hybride Entwicklung.

POSTPANDEMISCHE MÄRCHEN

Märchen dienten schon immer dazu, Verhältnisse in vereinfachter Form auf den Punkt zu bringen. Durch zarte Anpassungen lassen sich diese nun auch gut für die Pandemie nutzen:

- Die Bremer Stadtmutanten
- Kein Wirtshaus im Spessart
- Der Klabauterlach
- König Drostenbart
- Laschetputtel
- Das Märchen vom Schlafschafenland
- Der maskierte Kater
- Schneecovidchen
- Wuhänsel und Gretel
- Zwerg Mundnasenschutz

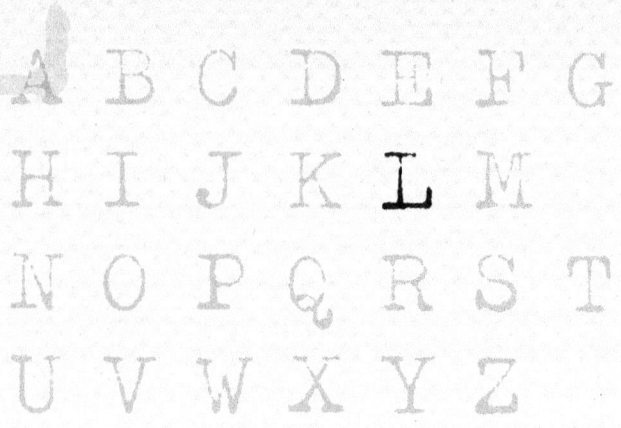

Lage, Klaus

Deutscher Rockmusiker und Liedermacher, geboren in der Lüneburger Heide, genau dort, wo jetzt ein sehr großer Vergnügungspark spektakuläre Achterbahnfahrten anbietet. Aufgewachsen in Berlin, nahm er im Jahre 1984 seinen größten Hit auf, der fraglos die Hymne schlechthin für das New Normal ist:

1000 Mal berührt,
1000 Mal ist nix passiert

Was will uns der Sänger mit dieser Zeile sagen? Sie ist visionär, es geht um die digitale Revolution – und um die Kommunikation mit anderen. 1984 sah Lage schon Touch-Displays, fiktive Tastaturen und Magic-Keyboards vor sich und wusste: Da wird's viele Probleme geben. »1000 Mal berührt« bedeutet nichts anderes als: Dein Device reagiert nicht wie gewünscht auf deine Bedienversuche. Du drückst, schiebst, drehst, touchst – und nichts geschieht. 1000 ist natürlich die Symbolzahl für die Unendlichkeit: Immer und immer wieder versuchst du es also, aber es will nicht gelingen.

»1000 Mal ist nix passiert«: Genau, wie wir das alle kennen. Mach doch mal das Mikro an! Ja, mach ich doch! Drück doch mal auf die App! Ja, mach ich doch! Berühr doch die Schaltfläche mal so richtig! Ja, verdammt, mach ich doch!!! »1000 Mal berührt, 1000 Mal ist nix passiert«. Ein Stoßseufzer von Handynutzern, Tablet-Lesern oder Laptop-Workern. Man hat doch alles versucht, aber: wirkungslos. Frustrierend.

»1000 und eine Nacht«: Ein Verweis auf die namensgleiche Märchensammlung aus dem Orient, zugleich aber ein genialer Blick in die ferne Zukunft. Wie viele Nächte hat man schon in Hotelzimmern verbracht, nur um an Meetings, an Sitzungen, Konferenzen, Gesprächen teilnehmen zu können? Sinnlose, (meist) einsame Nächte, für viel Geld, mit gepacktem, Kabinengepäck-kompatiblem Koffer versorgt, um dann in einem klimatisierten Raum stundenlang zu beraten oder zu beratschlagen.

Und dann ruft Lage es heraus: »und es hat Zoom gemacht.« Ja! Die führende digitale Medienplattform Zoom wurde entwickelt, um den Frust zu beenden. Zoom hat es gemacht! Man spart sich Reisen, Fliegen, Zugfahren, Parkplatzsuchen, es macht Zoom! Und man kommt aufwandsloser zu gleichen oder besseren Ergebnissen. Zoomen ist wie googeln, amazonen oder whatsappen. Es steht für die Berührung, die funktioniert und zur Kommunikation führt.

Klaus Lage kann man nur empfehlen, seinen Song neu aufzunehmen, etwas weniger Rockgitarre, etwas mehr DJ-Koze-Sound, dazu Drake-Gerede, und schon ist der Song fürs New Normal in allen Streamingdiensten zu finden. Unter Umständen tritt Zoom auch als Sponsor auf. Win-win im New Normal!

Lesezirkel, der

Eine Erfindung aus dem früheren letzten Jahrhundert. Man kauft eine Zeitschrift einmal, wickelt einen speckigen Papierumschlag herum, druckt darauf seinen Namen oder den seines Unternehmens (zum Beispiel »Lesemappe Sapperlott«) und legt sie dann, gemeinsam mit anderen Blättern, für Interessierte aus. Ursprünglich dafür gedacht, Haushalte mit einer großen Auswahl an Zeitschriften zu versorgen, wurde die Idee schnell zu einem Kundenbindungsinstrument bei Dermatologen, Damenfriseuren, Autowaschanlagen oder Zahnärzten. Es war herrlich, aus einer Auswahl aus *Praline*, *Wirtschaftswoche*, *Stern*, *Auto Zeitung* und *Das Neue Blatt* die jeweils etwa drei Wochen alten Ausgaben durchzublättern und sich in Welten informiert zu halten, die einen im Grunde nie interessierten. Und eigentlich wartete man ja nur auf den erlösenden Moment, in dem der eigene Name aufgerufen wurde und die Behandlung begann (wobei, zugegeben, die Erlösung beim Zahnarzt kleiner ausfiel als bei der Thai-Massage ...). Dann warf man das Blatt auf den ungeordneten Haufen anderer und ließ Artikel Artikel sein.

Warum wird das hier so ausführlich beschrieben? Weil dieses Massenphänomen wohl der Vergangenheit angehört. Wer will jemals wieder die von Hunderten, ja, Tausenden Fingern begrapschten Blätter, die in dem Fall völlig zu Recht Schmierblätter heißen, an sich nehmen, ahnt, sieht er doch förmlich die Abermillionen von Viren, die den Umschlag als Startbahn nutzen, um den vorher noch gesunden, sauberen und unbescholtenen Besucher des jeweiligen Etablissements anzugreifen und eben krank zu machen. Lesezirkel-Ausgaben dienten zum Ende vor allem noch den darbenden Zeitschriftenverlagen, ihre Lesergruppe künstlich hochzurechnen, dem ursprünglichen Bedarf entsprachen sie schon lange nicht mehr.

Die Erfindung des Lesezirkels hat 100 Jahre lang die Presselandschaft geprägt. Nun ist es Zeit, Adieu zu sagen und vorsichtig zum Abschied zu winken (wohl am besten mit einem Desinfektionstuch, das wäre eine besonders liebevolle Geste).

Let Me Entertain You

Ein Riesenhit und eine wunderbare Anfrage an die angesprochene Person von Robbie Williams aus dem Jahre 1997. Robbie Williams, ehemaliges Mitglied der Boygroup Take That, hat viele schöne Lieder gesungen, besonders hervorzuheben ist sicher noch seine Rat-Pack-Aufnahme *Swing When You're Winning* aus dem Jahr 2001.

Doch dann, mitten in dieser ohnehin an schönen Momenten nicht allzu reichen Zeit der Pandemie, im Juli 2020, ließ er verlauten, die Pizzagate-Sache sei nach wie vor nicht widerlegt, die virale Onlinetheorie also, dass ein Kinderpornoring existiere, der seine Zentrale im Keller der Pizzeria *Comet Ping Pong* in

Washington, D.C. betreibe und im engen Austausch mit Hillary Clinton stehe. Der ultimative Beweis: Auf der Speisekarte dieser Pizzeria tauchen zwei verdächtige Begriffe mehrmals auf, die Codewörter für Pädophile seien: »Pizza« und »Sauce«!

So ist das mit diesen Verschwörungstheorien. Je absurder sie konstruiert werden, umso weniger kann man sie natürlich widerlegen. Aber: Muss man eigentlich auch nicht, denn die Absurdität ist so gut erkennbar, dass schon der Versuch des Gegenbeweises bedeuten würde, man nähme die Angelegenheit zu ernst.

Robbie, entertain uns lieber! Gerade im New Normal werden gute Entertainer dringend gebraucht.

Lockdown, der

Ohne diesen Begriff werden die Jahre 2020 und 2021 auch in der Zukunft nie mehr denkbar sein. Denn es waren die Lockdown-Monate von März 2020 an, die das Geschehen, vor allem aber das Nicht-Geschehen definierten.

»Wie war das damals im Lockdown?«, werden die Enkel und Enkelinnen irgendwann fragen und mit ihren großen, neugierigen Augen für wenige Sekunden nicht auf ihr Device schauen. Und sie werden fragen: »Was ist eigentlich ein Lockdown?«

Keine Frage: Im Februar 2020 wusste das auch noch kein Mensch. Der Lockdown ist ein Zustand menschlicher Isolation, sagt das Wörterbuch, veranlasst in Momenten akuten Terrors zum Beispiel. Nun ist eine Pandemie wohl kein Terrorakt, aber sehr wohl Auslöser von Isolation. Urplötzlich wurde 2020 aus dem Lockdown dann aber ein Shutdown. Der Unterschied? Gefühlsmäßig: Alles wie immer, aber alle Geschäfte haben zu. Oder zumindest ein paar Geschäfte. Oder Geschäfte haben auf, aber die Kneipen haben geschlossen. Nicht alle Kneipen, aber die ohne Außenausschank. Also Bars. Restaurants? Das ist schwierig: War man gerade im harten oder soften Lockdown beziehungsweise Shutdown? Eher der Lockdown im Ramelow-Stil (also alles offen, aber man nennt es Lockdown) oder im Söder-Stil (also alles geschlossen, aber man nennt es eine vorübergehende Maßnahme)? Softer Lockdown, durfte man dann zum Friseur? Ach ja, man durfte, aber der musste zu Beginn die Haare waschen. Oder nein, Haarwaschzwang nur im harten Lockdown, im soften ging es ohne, aber man durfte im Salon auf einen Termin warten. Es gab sogar fast einen harten Lockdown-Gründonnerstag. Wurde dann hart zu soft? Oder zum normalen Lockdown? Sowieso sind alle Lockdowns letztlich Jojo-Lockdowns, Wellen-Lockdowns und meist Light-Lockdowns.

Irgendwie war immer irgendein Lockdown, das zumindest war in der ganzen Zeit klar. Da sich Land und Länder nicht einig waren, manche Virologen auch nicht, wusste die Bevölkerung vor allem eines: Irgendwas ist gerade verboten, darum machen wir mal einfach weniger als normal. Oder mehr. Das Lockdown-Chaos war das Ergebnis, vielleicht mit Absicht als eine Motivation zur Selbstverantwortung? Sind wir nicht alle ein bisschen Lockdown? Wir regeln es halt selbst, ohne die Lockdown-Regeln überhaupt zu verstehen. Sascha Lobo schlug vor, jeder solle seine eigenen machen, er nannte das seine Lex Lobo. Warum nicht, Bakunin wäre begeistert!

Im New Normal wird man den Begriff endlich auch als Verb etablieren: »Jetzt lockdown doch erst mal!«, wenn sich jemand über etwas ärgert. »Immer lockdown bleiben!«, um jemanden zu entspannen, »Die Rede war aber jetzt echt lockdown!«, wenn man eine Ansprache nicht als mitreißend empfunden hat. In Autotests eine Kritik an der Fahrdynamik: »Der Motor lockdownt die besonders sportliche Optik der Karosserie«, oder in der Romanrezension in der *FAZ*: »Die Stilistik der Lockdown-Metaphorik erinnert an Jean Pauls schnurrige Erzählungen.«

POSTPANDEMISCHE SPRICHWÖRTER

Gerade Sprichwörter nutzen in jeder Kommunikation, um pointiert Stellung nehmen zu können. Hier eine Auswahl an hilfreichen neuen Formulierungen:

- ⮞ Wer einmal impft, dem glaubt man nicht.
- ⮞ Lieber den Sputnik in der Hand als den BioNTech auf dem Dach.
- ⮞ Ein Lockdown macht noch keinen Sommer.
- ⮞ Viren haben kurze Beine.
- ⮞ Wenn zwei sich impfen, freut sich der Dritte.
- ⮞ Rom wurde auch nicht an einem Tag geimpft.
- ⮞ Nach der Mutante ist vor der Mutante.
- ⮞ Eine Hand wäscht 30 Sekunden die andere.
- ⮞ Nach dem Essen sollst du ruh'n, dann 10 000 Schritte tun.
- ⮞ Der impft ja wie ein Rohrspatz!

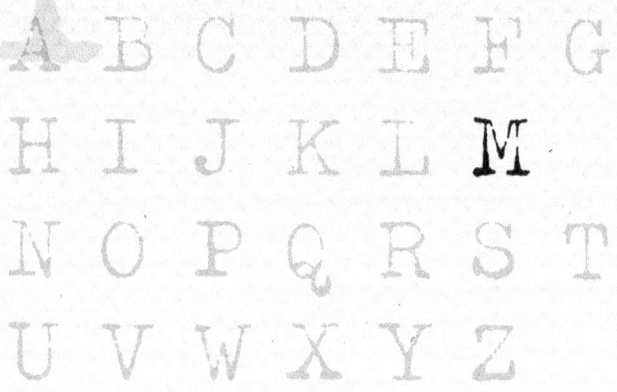

Mehl, das

Ein definitiv gesteigertes Komplikationsniveau hat sich beim Kauf von Mehl eingestellt. Man könnte sagen: Mehl ist die neue Milch. Denn es gab mal eine Zeit, da gab es Milch. Die war immer von der Kuh, Frisch- oder Rohmilch nannte man sie, wenn sie direkt aus dem Euter kam (schon immer ein eher seltenes Phänomen für Endverbraucher), einfach nur Milch war sie, wenn man sie später kaufte oder trank. Dann, Ende der 1960er, gab es H-Milch. Die sogenannte Haltbarmilch musste nicht in den Kühlschrank und blieb dennoch trinkbar. In den 1970ern dann wurde die Milch fettloser, den gängigen Schönheitsidealen folgend, die Milch mit 1,5 Prozent Fett kam auf den Markt, natürlich auch in der haltbaren Variante. Das war es dann an Veränderungen für Jahrzehnte. Die Milchregale in den Supermärkten änderten nur dann ihr Gesicht, wenn sich die Logos der

Anbieter änderten. Tetrapak übernahm die Führung, die Flasche verschwand. Aber: Es blieb Milch.

Nun geht man heutzutage zum Milchregal und findet erst einmal alle Milchsorten auch in Bio-Qualität. Darüber hinaus aber findet man jetzt auch Rohmilch, Vorzugsmilch, ESL-Milch, Heumilch, Alpenmilch, Weidemilch, Landmilch, seit einiger Zeit auch Hafermilch, Sojamilch, Mandelmilch, Kokosmilch ...

Beim Mehl ist es ähnlich. Früher gab es Mehl. »Hol mal Mehl!«, hieß es, und man ging zum Mehlregal und nahm eine Packung heraus. Meist stand da die mysteriöse Zahl 405, deren Bedeutung unbekannt und den Konsumenten auch eher egal war. Doch schnell gesellten sich andere Typen hinzu (in Deutschland gibt es 405, 550, 812, 1010, 1600, 1700, 630, 812, 815, 997, 1740, 1370), schnell alles auch in Bio-Qualität, nun findet man Weizenmehl, Roggenmehl, Dinkelmehl, es gibt Instantmehl, griffiges und doppelgriffiges Mehl, erweitert um Nussmehl, Mandelmehl, Lupinenmehl, Kokosmehl (Kokos scheint es also immer zu geben, das sollte man sich merken beim nächsten Produkterweiterungsschub) ...

Was ist da passiert? Brotbacken zu Hause, das ist passiert. Allergien und Unverträglichkeiten, die sind zusätzlich passiert. Das Vergnügen, individuell und mit Geschmack zu Hause zu backen und nicht einfach irgendein Toastbrot in den Toaster zu schieben, verlangt schon beim Einkauf Kompetenz und schafft Vergnügen. Mehl gehörte deshalb auch in der Pandemie zu den großen Nachfragegewinnern und war der Kumpel der Hefe, die ebenfalls in zig alternativen Formen und Dosierungen existiert. Hätte man zu Beginn des Jahres 2020 eine repräsentative Umfrage zum Thema Hefesorten gemacht, hätten wohl nur 0,8 Prozent der Befragten gewusst, dass es neben den Hefewürfeln im Kühlregal auch Trockenhefe gibt. Das weiß nun jeder ambitioniertere Brotbäcker.

Inwieweit sich die Rieselhefe besser mit der Nussmilch und dem Weizenmehl 1050 versteht als die Feuchthefe mit dem Roggenmehl 812 und Bio-Landmilch mit 1,5 Prozent müssen spätere Experimente erst noch erarbeiten. Es dürfte sich dabei um einen wesentlichen Trend im New Normal handeln.

Messe, die

Gleich doppelt sind Messen die großen Verlierer der Pandemie: Gottesdienste wurden als geradezu aerosolperfektionierte Veranstaltungen identifiziert. Gemeinsam laut sprechen und singen, eng auf Kirchenbänken zusammenhocken, ja vielleicht noch dem Kirchenchor der Gemeinde lauschen oder mit den Posaunen des Musikkreises kräftig Halleluja ausrufen gefällt den suchenden Aerosolen bestens, hier fühlen sie sich wohl. Ergebnis: Messen nur noch draußen oder gar nicht oder mit sehr großen Abständen zwischen den Gemeindegliedern. Und eh keine gemeinsamen Lieder oder Gebete mehr.

Ganz anders sieht es bei den anderen Messen aus: bei den Fachmessen. In den großen Messezentren der großen Städte herrscht eine ähnlich den Gottesdiensten paradiesische Umgebung für Viren. Sehr viele Menschen sehr nah beieinander, gerne umarmend, herzlich begrüßend und verabschiedend, Luft- und Wangenküsse all überall, dazu Produkte berühren, mit allen Sinnen erfahren, Gespräche in kleinen, abgeschlossenen Kabinen, Lüften, gar Stoßlüften undenkbar, dafür Mega-Klima-anlagen, die die Virenlast immerhin gerecht verteilen.

Darum während der ganzen Pandemie immer wieder das gleiche Schauspiel: Der Messetermin naht, der Veranstalter verschiebt, verschiebt noch einmal, sagt dann ab bei gleichzeitiger Verkündung des nächsten Termins im darauffolgenden Jahr. Dann wieder Verschiebung, Verschiebung ...

Findige Köpfe begannen nun, hybride Abläufe oder eben gleich digitalisierte Messekonzepte zu entwickeln. Was aber ist eine digitale Messe, fragt sich das zahlende Fach- und Konsumentenpublikum? Kann das wirklich abweichen von konzentrierten Websitebesuchen, Youtube-Videos oder Live-Events im Netz? So gab es kein großes Interesse, denn die eigentliche Qualität von Messen ist vielleicht doch eher das kommunikative Element, das Wiedersehen, auf den Gängen plaudern, Small Talk halten, eben all das, was die digitale Welt von der normalen Welt unterscheidet.

Messen werden nun Symbole für das New Normal. Wenn man diese wieder abhalten und besuchen darf, ist alles wieder gut.

MPK-PK, die

Noch eine nicht mehr wegzudenkende Abkürzung. Die Ministerpräsidenten lassen bitten und laden ein. Nein, nicht zu Speis und Trank, sondern zur Pressekonferenz der Ministerpräsidentenkonferenz. Die MPK-PK hat es geschafft, in großer Geschwindigkeit die längst verloren gegangene Tradition der Bänkelgesänge des späten Mittelalters aufzunehmen. Damals standen auf dem Marktplatz Männer mit Zeigestöcken auf Holzbänken (also »Bänkeln«), hinter ihnen die PowerPoint-Folien des 18. Jahrhunderts, Bildtafeln, spielten allerlei ungewöhnliche Instrumente und unterhielten das staunende Volk mit kleinen Geschichten, großen Ideen, schauerlichen Moritaten, einigen Welterklärungen und düsteren Prophezeiungen mit dem immer gleichen, bitteren Ende: Ein Hut wurde herumgereicht und die Zuhörer zahlten für die Aufführung.

Heutzutage läuft es sehr ähnlich ab: Die Erzähler sitzen auf ihren Bänkeln vor ihren Mikrofonen, erläutern die Lage, bieten diverse Szenarien an, zeigen Bilder und Statistiken, malen düstere Bilder aus, nennen Schlussfolgerungen, und am bitteren Ende geht auch hier der Hut herum und die Zuhörer zahlen, nicht direkt mit Geld, aber mit Einschränkungen, Sperrstunden, dem Befolgen von Regeln aller Art und natürlich auch Einbußen ihrer finanziellen Mittel.

Fraglos ist diese moderne Form der Unterhaltung für die Zuhörerschaft weniger amüsant als damals. Und fraglos werden diese MPK-PKs im New Normal ungefähr so schnell vergessen werden wie die Bänkelsänger eben auch.

Mülleimer, der

Einer der attraktivsten Plätze von Frankfurt am Main liegt direkt vor der Alten Oper, einem Prachtbau aus dem späten 19. Jahrhundert. Insbesondere im Sommer ist es dort sehr schön, Brunnen sprudeln, historische Laternen illuminieren die Pflastersteine, ein kleiner Park nebenan und die berühmte Freßgass nur wenige Meter entfernt.

Diese Attraktivität erkannten auch junge und sehr junge Menschen aus dem hessischen Umland und verabredeten sich im Frühsommer 2020 immer wieder neu zu später Stunde, um dort zu feiern. Will heißen: Sie hielten sich an wirklich keine einzige Abstandsregel, tranken viel und sehr viel, sie waren laut, sehr laut, und dann, wenn in Frankfurt nun mal die Lichter ausgehen, nämlich um Mitternacht, begannen sie auch zu randalieren, Gegenstände zu zerstören und schlechte Laune zu bekommen und zu verbreiten. Polizeiliche Gesellschaft wurde dabei mit klaren Gesten und Aktivitäten abgelehnt, es entwickelten sich Schlägereien, und es gab viele Festnahmen. Und der wunderbare Opernplatz war im Anschluss vollständig zugemüllt.

Der Oberbürgermeister der Stadt eilte aus seinem Urlaub herbei, um sich die Lage anzuschauen, verschiedene Optionen wurden diskutiert, um die Krise zu lösen. Offensichtlich laienhafte Beobachter hielten eine Sperrung des Platzes für die naheliegende Lösung. Aber nicht mit der Stadt Frankfurt, die hatte eine ausgesprochen überraschende und kreative Idee zur Beendigung des nächtlichen Treibens: Sie stellte 400 Mülleimer auf den Platz. Seine Schönheit war damit auch ohne den Müll des randalierenden Partyvolkes dahin, die Feierwütigen kamen natürlich dennoch und ignorierten die Behälter für ihre Hinterlassenschaften weitgehend.

Am Ende wurde der Platz gesperrt – weit weniger originell, aber eben effizienter. Mülleimer, das möge man sich merken im New Normal, beenden keine Besetzung eines Ortes oder Platzes.

Mütendsein, das

Eine späte pandemische Wortkonstruktion, im Grunde eine Mutante oder ein Hybrid aus müde und wütend, erfunden, um den Zustand bleierner, schicksalsergebener Erschlaffung durch dauerhafte Überinformation in Sachen Pandemie angemessen definieren zu können.

Zu befürchten ist, dass dieser Zustand im New Normal keineswegs automatisch zu Ende sein wird. So berichten viele Menschen aus aller Welt in den (sozialen) Medien, dass sie trotz neuer Freiheit immer noch lethargisch, unmotiviert und überfordert sind von dem, was war, ist und sein wird.

Im New Normal also ist es keine leichte, aber eine unbedingt notwendige Aufgabe, aus dem Zustand des Mütendseins in einen hoffnungsvollen, fröhlichen und konstruktiven Modus, also in sein Gegenteil, zu gelangen. Folgende Bezeichnungen für diesen Zustand würden sich anbieten:

☞ wachtiv (wach und aktiv)
☞ fröchend (fröhlich und lachend)
☞ postig (positiv und tätig)

Nerz, der

Dänemark, oh du schönes Land der Nerze!

Wer diesen Satz bei der Überquerung der Grenze in den Jahren vor 2020 ausgerufen hätte, wäre wohl eher verständnislos angeschaut worden. Die Dänen? Haben die nicht vor allem Lego erfunden und zu teuren Alkohol, und hat denen nicht mal der Hamburger Stadtteil Altona gehört? Aber Nerze?

Egal, ist ja eh vorbei. Denn dank einer speziellen Corona-Variante, der Cluster-5-Mutante, die sich von Nerz zu Nerz verbreitete, entschieden die Dänen, Abermillionen der Pelztiere zu töten (zu keulen, wie die Fachleute das nennen), um einen massiven Übersprung auf die dänische, dann europäische und schließlich weltweite Bevölkerung zu vermeiden.

Und so wurden die dänischen Nerzfarmen von Keulern heimgesucht, um die armen Tiere, deren Schicksal eh nur darin bestanden hätte, dafür zu sorgen, dass später Damen aus der Oberschicht sogenannte »echte« Nerzmäntel zur Schau tragen zu können, nun frühzeitig zu Tode zu bringen.

Doch das sollte es nicht gewesen sein. Denn kurz darauf erkannte man das nächste Problem: Die Millionen verseuchten Tierkadaver hatte man zwar schnell vergraben, aber die Auswirkungen dessen auf das Grundwasser nicht hinreichend bedacht. Also mussten die kleinen pelzigen Kadaver wieder ausgegraben und dann verbrannt werden.

Im Nachhinein kam heraus, dass die Cluster-5-Mutante weniger gefährlich war, als zunächst angenommen, und andere Mutationen aus anderen Ecken der Welt weit problematischer sein würden. Die Nerze haben also nicht nur einen sinnloses Leben führen, sondern auch einen sinnlosen Tod erdulden müssen. Wobei: Wäre die Sinnlosigkeit geringer gewesen, wenn sie gekeult worden wären, damit betuchte Damen ihre Mäntel ausführen können? Im New Normal gibt es also definitiv keine Entschuldigung mehr für das Tragen von Pelzen. Lasst es einfach!

Netflix

»Welche Netflix-Serie schaust du denn gerade?«

So begannen während der Pandemie Gespräche streamender Menschen, also beinah aller. Jeder schaut Serien, Corona war ein weiterer Booster für diese Entwicklung. HBO öffnete mit den *Sopranos* in den frühen 2000ern die Türen für ausführlich erzählte Serien mit vielen Staffeln, die man nun aber nicht mehr ansehen musste, wenn es die Programmgestalter vorsahen, sondern dann, wenn man es wollte. Und man wollte es oft, andauernd. Es gab die Trendserien (»Wie, die hast du noch nicht gesehen?«), es gab spektakuläre Cliffhanger (»Waaaaas???«), undurchsichtige Handlungen und diverse Nebenschauplätze feierten mitunter die völlige Unübersichtlichkeit (»Wen hat er also jetzt nochmal genau, als die beiden, also dann die drei, nachdem beide aus dem einen Raum kamen, nach der Landung, und dann sind die doch mit dieser einen Freundin von früher, deren Tochter jetzt die Bürgermeisterin des Nachbarortes, die mit dem Mann mit den Zwillinge, der im Krieg so traumatisch ...«), sie alle ließen die Zuschauer nicht loskommen von den einzelnen Episoden.

Und Zeit dafür hatte man ja, reichlich sogar. Und so schob Netflix nach den großen Erfolgen beispielsweise von HBO mit den *Sopranos* oder Fox mit *24* eine Serie nach der anderen nach, kooperierte mit Produktionsfirmen weltweit, sogar deutschsprachige erfolgreiche Serien wurden entwickelt und ausgestrahlt.

Aber so ist es im Kapitalismus: Wenn irgendwer irgendwas erfolgreich macht, wollen andere auch mitmachen und am Erfolg teilhaben. Und so gibt es jetzt Amazon Prime, Disney+, Apple TV, Sky, Joyn, Sony Channel und so weiter, die Auswahl ist unüberschaubar und was zu Beginn wie ein Schnäppchen aussah – eine gigantische Auswahl an Serien und Filmen für einen Zehner im Monat – hat sich längst summiert, monatlich überweist man den diversen Streaming-Anbietern artig Beiträge, will man kündigen, weiß man im Zweifel nicht mal mehr mit Sicherheit, wo man überhaupt einen Account hat.

Im New Normal wird man weniger Zeit zum Streamen haben und ohnehin Lust auf Aktivität im Freien. Aus dem Serienmarathon wird also ein anderer, im besten Falle.

Notbremse, die

Diese benutzt man dann, wenn es eigentlich zu spät ist und nur noch ein sehr intensiver Eingriff helfen kann. Wie aber kommt man in die Not, so anhalten zu müssen? Indem man zuvor nicht früh genug das Bremsmanöver eingeleitet hat. Diese logische Erklärung wird einem zumindest bei der Führerscheinprüfung nahegebracht. Dabei lernt man auch die Faustregel kennen: Geschwindigkeit geteilt durch zehn zum Quadrat ergibt den normalen Bremsweg. Dabei wird die Reaktionszeit des Menschen bis zum Einleiten des Bremsmanövers auf rund eine Sekunde eingeschätzt. Eine Sekunde ...

Die Einleitung der Bundes-Notbremse hat Wochen gedauert, als sie schließlich im späten April 2021 griff, war die Not schon zu groß, das Manöver spät, die Reaktionszeit also eher lang.

Möglicherweise sollten politisch Verantwortliche im New Normal noch einmal die Führerscheinprüfung machen. Dann lernen sie auch, dass man sich einer Gefahrenzone langsam und mit Bedacht nähern sollte. Wenn man stattdessen die Frage nach der besten Reaktion mit »Ich erhöhe die Geschwindigkeit, um der Gefahr zu entgehen« beantwortet, fällt man leider durch.

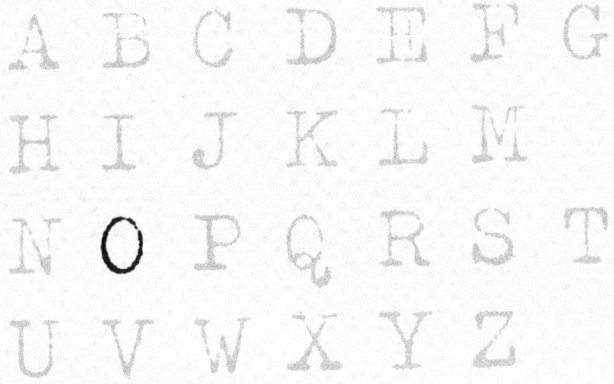

Onlineparty, die

Fraglos entdeckte man in der Pandemie auch Möglichkeiten, auf die man ohne sie wohl nie gekommen wäre. Insbesondere die Onlineparty ist eine echte Alternative zu analogen Partyveranstaltungen. Denn, genau betrachtet, die sind doch eh eine einzige Last, verbunden mit massig Kosten, großem Organisationsaufwand, umfangreichem Aufräum- und Säuberungsbedarf und in der Regel Gästen, die sich nicht zu benehmen wissen, die auch die teuren und gut versteckte Vorräte verspeisen und wegtrinken und die nach der Party entweder undankbar sind oder eh alles vergessen haben.

Analoge Party, das ist das Ding vor 2020, im New Normal feiert man online und besser: Die Gäste trinken ihre eigenen Getränke und essen ihre eigenen Speisen, dann gibt es auch keine Beschwerden mehr darüber, dass der Rotwein zu viel Tannin habe oder die Wildschweinfrikadellen zu rustikal seien. Ein einziges Elend bei Offlinepartys ist auch die Begrüßungs- und Verabschiedungsorgie der Gastgeber. Wer kennt das nicht? Die erste Hälfte der Party steht man an der Tür, um seine neu eintreffenden Gäste zu begrüßen, die zweite Hälfte steht man an derselben Tür, um sie zu verabschieden. Partygenuss gleich null.

Schlimm auch die kurzfristigen Absagen, die ewigen Zuspätkommer und, am allerschlimmsten, die Vielzufrühkommer! Dann trägt man gerade noch die Mascara auf oder die Bierflaschen aus dem Keller nach oben, und schon stehen sie auf der Matte, fragen nur scheinbar betroffen: »Wie, bin ich zu früh?«, und fangen dennoch sofort an, das Buffet leer zu räumen.

Und wenn dann mal alle da sind, ist es laut, voll, die Toilette dauerbesetzt, Gläser gehen zu Bruch, der Weißwein ist nicht mehr kaltgestellt und der Speisentisch sieht aus, als sei er überfallen worden.

Die Musik gerät ins Zentrum, jeder Geschmack ist bei den Gästen zu finden, jeder Song löst also gleichermaßen Freude und völlige Unzufriedenheit aus. Die einen wollen eh eher miteinander plaudern und wünschen sich leisere musikalische Untermalung, die anderen, eher Tanzmotivierten wollen es lauter, lauter! Und springen auf dem Parkettboden herum. Was über kurz oder lang nachbarschaftliche Beschwerden oder ordnungsamtliche Besuche von der Polizei bewirkt, ebenfalls keine Freude und wenn diese wiederholt werden müssen, weil die Fans des Rock 'n' Roll keinerlei Bereitschaft zeigen, die Lautstärke herunterzudrehen, gerät man auch noch in Gefahr, dass einem die Hifi-Anlage genommen wird und sogar Bußgelder zu zahlen sind.

Schließlich ist die Party vorbei, die Gastgeber sind erschöpft, verarmt, aber glücklich, weil das Spektakel endlich zu Ende ist, da entdeckt man in irgendeiner Ecke noch ein knutschendes Paar oder einen tief und fest schlafenden Unbekannten hinter dem Sofa und muss dafür sorgen, dass auch diese Restanten die Räumlichkeiten verlassen. All das und noch einiges mehr, was hier unerwähnt bleiben muss, ist bei der Onlineparty kein Problem mehr. Mehr davon im New Normal!

Orgie, die

Auch wenn die pandemischen Monate tendenziell eine feier-, party- und damit erst recht orgienfreie Zeit waren, hat es die einzig wahre Partyheldin dann doch geschafft, den Begriff neu und ganz weit oben zu platzieren. Die deutsche Kanzlerin sprach von einer »Öffnungsdiskussionsorgie«. Fraglos ein wunderbarer Begriff für den gesellschaftlichen Diskurs zu einem Thema. Und ebenso fraglos, dass damit ein neuer Standard gesetzt ist für die Beschreibung von vorhandenen, aus Sicht eines Nicht-Teilnehmenden aber wenig hilfreichen Diskussionen. Also:

- 👉 Parlamentsorgie (Debatte über ein Gesetz)
- 👉 Strafraumorgie (Elfmeter-Entscheidung
- 👉 Stellungsorgie (Strategiegespräch beim Militär)
- 👉 Sexorgie (Debatte zum korrekten Gendern)

So oder so: Orgien sind durch die Kanzlerin neu etabliert und werden im New Normal im großen Rahmen betrieben.

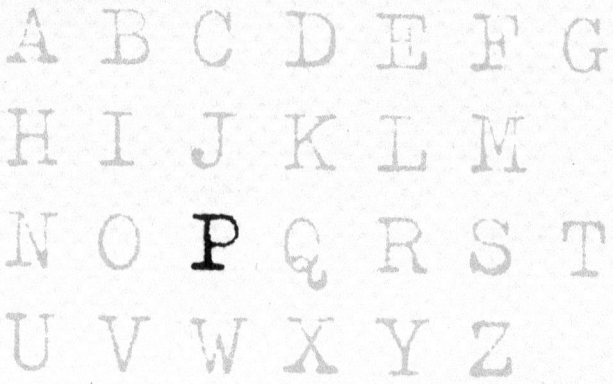

Papiertüte, die

In praktisch jedem Mafiafilm Hollywoods geht es irgendwann auch um eine besonders glorreiche Zeit für die Umsatz- und Renditensteigerung dieser kriminellen Vereinigung: die Prohibition. Die Zeit also zwischen den Jahren 1920 und 1933, in denen die Herstellung, der Vertrieb, aber vor allem der Genuss von Alkohol in den USA verboten war.

Zu dieser Zeit entwickelte sich die schlichte, aber wirkungsvolle Idee, Alkohol in der Öffentlichkeit aus einem Behältnis zu entnehmen, dass eben nicht wie Alkohol aussieht und somit den ungefährdeten Zugriff darauf erlaubt. Besonders oft wurde zur graubraunen Papiertüte gegriffen, in die man seine Flasche unauffällig einwickelte, um dann, im Falle des Falles, schnell und zügig zu trinken. Bis heute ist es so, dass es in diversen amerikanischen Staaten nur auf diese Art möglich ist, Alkohol in der Öffentlichkeit zu sich zu nehmen.

Also im Grunde eine lustige, ja, exotische, amüsante Story aus einem fernen Land mit althergebrachten moralischen und gesellschaftlichen Normen. Bis, ja bis das Virus auch in Deutschland manchem Ordnungspolitiker die Gelegenheit gab, den Genuss von Alkohol im Außenbereich zu untersagen. Auch wenn das dann immer wieder per Gerichtsbeschluss aufgehoben wurde, gab es durchgehend Bundesländer oder Kommunen, in denen es verboten blieb. Manchmal grundsätzlich, manchmal nur zu bestimmten Zeiten oder an bestimmten Plätzen. Ein kluger Schachzug der Weißkreuzler, auf den ersten Blick zumindest. Kneipen schließen und gleichzeitig das Trinken in der Öffentlichkeit verbieten, bedeutet: Du kannst dich nur noch zu Hause so richtig berauschen.

Was wie eine einfache Rechnung aussah, wurde aber durch den sogenannten »Starbucks-Trick« ausgehebelt. Denn der trinkende Teil der Bevölkerung (also geschätzt 90 Prozent) sowie die Gastronomen erkannten: Es braucht eine Paperbag-Verkleidung. Und man entschied sich für den Kaffeebecher. In diesen wurde folglich Wein, Sekt, Gin Tonic, ja sogar Bier gefüllt und dann getrunken. Eine furchtbare Stillosigkeit, darüber hinaus eine teure Ordnungswidrigkeit, aber doch eine recht sichere Methode, weiterhin auf Pegel bleiben zu können. Kontrollierende Beamte werden sich nicht selten gewundert haben über schwer Betrunkene, um die herum aber nur leere Kaffeebecher standen.

Gast- und Biergärten, Kioske, Almhütten, Weinausschänke und ähnliche gastronomische hochgeistige Tankstellen werden im New Normal eine Renaissance erleben. Es wird wunderbar sein, wenn man seinen Lugana trinkt und dabei nicht eine Pappwulst an den Lippen spürt, sondern den Rand eines fein geschliffenen Glases.

Pendlerstunden, die

In den USA hatte die Pandemie unter anderem auch eine Wirkung, die man in der medialen Aufbereitung nur mit dem neudeutschen Wort »Pendlerstunde« aufzufangen wusste. Durch Homeoffice und andere Organisationsformen sparte man im Seuchenjahr 2020 sagenhafte 60 Millionen Pendlerstunden ein. 60 Millionen Stunden also waren Menschen weniger unterwegs, um per Auto oder öffentlichem Verkehr ihre Arbeitsplätze zu erreichen und wieder zu verlassen. 60 000 000 Stunden, das ist enorm. In Deutschland hat das offenbar bisher keiner ausgerechnet, aber man darf sich sicher sein, dass der Effekt auch hier außerordentlich hoch war. Gut für die Umwelt, für das Privatleben, für die Gesundheit, für den Job wohl auch. Was aber machten die Menschen mit diesen 60 Millionen Stunden? Was fingen sie damit an? Länger schlafen, mehr essen, mehr Fernsehen oder mehr lesen, sich um die Kinder kümmern, mehr Sport? Man kennt die Antwort nicht, ahnt sie aber.

Das New Normal wird als Ära der geringen Pendlerstunden beginnen, denn das Homeoffice wird bleiben. Pendelst du noch oder lebst du schon?

Pizza, die

Ein Nahrungsmittel, das schon immer Favorit in der Lieferdienstwelt war, in der Pandemie aber zu neuer Blüte kam. Pizza bestellen ist auch deshalb so einfach, weil man bei italienischen Begriffen wie Tonno, Funghi, Quattro Stagioni, Prosciutto oder Diavolo sofort weiß, was sich dahinter verbirgt.

Dennoch, die Pizza ist auch weiterhin die Gelegenheit, das Markow-Entscheidungsproblem in allen Einzelheiten geradezu beispielhaft verfolgen zu können. Und so wird es auch im New Normal folgende Szenen geben:

Was soll ich jetzt für dich ordern?

Ich nehme die Funghi mit Salami.

Gut.

Aber mit Zwiebeln!

Alles klar.

Haben die auch Artischocken?

Keine Ahnung.

Artischocken fänd' ich noch super.

Artischocken zu Salami?

Ja, stimmt. Dann lass' ich es. Hast ja recht. Okay, Funghi also mit Salami und Peperoni und ...

Peperoni hattest du noch gar nicht gesagt.

Echt? Krass. Klar, Peperoni muss sein, muss ja scharf sein.

Salami ist ja meist schon scharf!

Hm, dann nehme ich eben gekochten Schinken plus Peperoni.

Wie, keine Salami mehr?

Ne, so gerne mag ich die auch gar nicht.

Hm.

Also, Funghi mit Schinken, Peperoni und Zwiebeln.

Gut, dann bestell ich das jetzt.

Aber frag unbedingt, ob die auch Gorgonzola haben!

Is' klar ...

Podcast, der

2005 wurden die ersten deutschsprachigen Podcasts angeboten. Damals gab es noch iPods, daher auch der erste Teil dieses Begriffs. Der zweite Teil stammt von »Broadcast«, auf Deutsch schlicht »Übertragung« oder »Sendung«. Also eine Sendung für tragbare Musikgeräte, das jedenfalls war einmal die Idee. Mehrere Jahre lang schleppte sich dieses eher traditionelle Format von User zu Sender und von Macher zu Sprecher.

Und dann kam Christian Drosten und änderte alles. Sein pandemischer Podcast, für den Norddeutschen Rundfunk eingespielt, wurde Millionen Mal angehört. Diese Werte sind auch für viele Influencer kaum erreichbar. Man kann es auch sagen: Drosten ist als Virologe ein echter Influenza-Influencer. Er nennt sein Werk das *Coronavirus-Update*. Das hätte man trendiger lösen können, aber wird im New Normal zum Vorbild einiger neuer Podcasts:

👉 Papst Franziskus – *Das Kardinal-Überprüfungs-Update*

👉 Attila Hildmann – *Das Irrelevanz-Update*

👉 Frank Plasberg – *Das harte aber faire Update*

↻ Helene Fischer – *Das atemlose Update*
↻ Meghan Markle – *Das Prinz-Harry-Update*

Polymerase, die

Noch eine Abkürzung, die sich inzwischen im Sprachgebrauch fest verankert hat: PCR. »Schnell oder PCR?« – diese Frage wurde gestellt, wenn es hieß: »Du, ich bin negativ getestet.« Die Schnelltests sind die Fünf-Minuten-Terrine-Methode, so oft gemacht, dass sie inzwischen zum Alltag gehören und bleiben werden. Digitales Einchecken, Ergebnis per Mail. Rachen, Nase, Mund: Ich bin gesund! Allerdings dann nicht, wenn das Ergebnis positiv ist. Dann wird es ernst: Der PCR-Test steht an.

Polymerase Chain Reaction, dafür stehen diese drei Buchstaben. Entwickelt vom amerikanischen Biochemiker Kary Mullis, der dafür sogar 1993 den Nobelpreis erhielt. Wir ersparen uns an dieser Stelle die wissenschaftliche Erklärung des Tests selbst, das kann das RKI oder das PEI oder die MPK oder Wiki oder der Hausarzt weit besser. (Herr Mulis glaubte übrigens an Ufos, an außerirdisches Leben auf der Erde, und er bezweifelte einen Zusammenhang zwischen den HI-Viren und der Krankheit Aids. Aber es kann ja auch nicht jeder alles wissen.)

Ein PCR-Test jedenfalls gehört ab sofort zum Standardrepertoire bei einem Gesundheitscheck. Neben Leberwerten, Zucker, Cholesterin und roten Blutkörperchen prüft man nun eben auch ein paar Viren durch. Das erhöht im New Normal die Laborkosten – und die Sicherheit.

Pornhub

Der Marktführer in Sachen kostenlose Pornos im Netz berichtet über enorme Steigerungen bei Klicks in Deutschland, Österreich und der Schweiz in Zeiten der Pandemie. Über ein Viertel mehr als zuvor, so wird stolz berichtet. Was war sonst los mit dem Sex in der Pandemie?

Auch der führende Fachversender für sexunterstützendes Equipment Amorelie berichtet über deutliche Umsatz- und Absatzsteigerungen zu Zeiten der Pandemie. Und nicht zuletzt weisen auch die Verkaufszahlen der großen Dessous-Anbieter eine positive Tendenz auf.

Man darf zusammenfassen: Inspiration beim Porn-Streamer, Ausstattung vom Spielzeugversender, passende Dessous beim Reizwäsche-Shop, Kondome aus dem Drogeriemarkt und reichlich Zeit aus dem Homeoffice-Budget – das allgemeine Sexleben muss in der Pandemie einen enormen Schub erhalten haben.

Wenn das nun kombiniert wird mit neuen alten Freiheiten im Kennenlernprozess, schnelleren Zugriffsmöglichkeiten (im wörtlichen Sinne) und der Wiedereröffnung von Clubs, Bars und anderen Spielplätzen für Erwachsene, dann ist in der nahen Zukunft von einer sexuell erfüllten Gesellschaft auszugehen, die allerdings nicht den Barry-White-Effekt erleben wird (nach Erscheinen neuer Barry-White-Songs stieg in den USA regelmäßig neun Monate später die Geburtenrate).

Positiv

In aller Regel wünscht man sich immer einen positiven Ausgang von etwas: Führerscheinprüfung, Bewerbungsgespräch, Heiratsantrag, Mitfahrgelegenheit nach Castrop-Rauxel, Einladung auf ein Kaltgetränk. In all diesen Fällen hofft der Fragende auf eine positive Antwort. Positiv also ist Hoffnung.

Negativ bedeutet in aller Regel das Gegenteil, also eine Enttäuschung. Außer beim Schnell-, PCR- oder Antigen-Test. Gleich, ob tief im Rachen, lang in der Nase oder mit viel Spucke, man wünscht sich nur eins: ein negatives Ergebnis! Denn das würde bedeuten, dass es positiv weitergehen kann. Diese Umdrehung kennt man natürlich von diversen medizinischen Tests, in denen das Nichtanzeigen eines Wertes eine gute Nachricht ist.

Man darf an den Alkoholtest erinnern: Hier entspricht ein positiver Wert meist einem ausrechenbaren Geldbetrag, den es anzuweisen gilt. Was wiederum einen negativen Effekt auf das Girokonto zeigt. (Nicht immer eindeutig ist die Bewertung eines positiven Schwangerschaftstests. Diese positive Nachricht lässt sich dem Vernehmen nach auch als negative Botschaft interpretieren.)

Ein negativer Coronatest ist aber eindeutig eine positive Nachricht. Man hofft auf negativ, erwartet, wenn bis dato symptomfrei, auch negativ, und ist dann positiv drauf, wenn es so kommt. Da es wohl keinen einzigen anderen Test gibt, der in dieser Häufigkeit und überall auf der Welt gemacht wurde, hat man sich an die Wirkung des positiven Negativtests gewöhnt, ja, man kommt im New Normal nicht umhin, die beiden Vokabeln flexibler als in der Vergangenheit einzusetzen, frei nach dem Motto: Negativ ist das neue Positiv! Wenn der Pessimist glaubt, morgen werde es regnen, antwortet man: »Mensch, sei doch nicht immer so positiv!« Und wenn der Optimist meint, die 500 Meter bis zum Berggipfel seien schaffbar, dann ruft man heraus: »Ich finde gut, dass du so negativ bist! Los, wir gehen weiter!«

Priogruppe, die

Pandemisch neu eingeführtes Sozialsystem, das die Gesellschaft in ganz neue Kategorien aufteilte. So gehörten zur gleichen Kaste unter Umständen Chefärzte, Feuerwehrleute, Demenzkranke, Kassierer, Schwangeren-Begleiter oder Politiker. Eine Umverteilung mit interessanten Effekten.

»Frauen und Kinder zuerst«, hieß es früher immer im Falle einer Katastrophe. Diese recht schlichte Aufteilung scheint nicht mehr zu gelten. Während Frauen und Männer tatsächlich gleichberechtigt aufgeteilt werden, sind Kinder in keiner der vier Priogruppen zu finden. Im New Normal ist es höchst an der Zeit, das umzudrehen und den Kindern jedwede Priorität zuzusprechen.

Puzzle, das

Die Älteren erinnern sich noch an das Puzzle als geschätztes Geduldspiel der noch Älteren. Beliebte Motive waren das Schloss Neuschwanstein, Tiere aus Steppe und Savanne, das Brandenburger Tor und der Rheingoldexpress. Gepuzzelt wurde in kleinem Kreis oder allein, das Ergebnis konnte man zeitweise sogar mit Kleber versehen und dann stolz an die Raufaserwand hängen, direkt neben die Makramee-Eule auf Bambusrohr und den Wochenkalender aus der nahegelegenen Backstube. Und dann ... gab es im Grunde keine Puzzles mehr.

Die Pandemie, Königin der alten Tugenden, ließ auch dieses Legespiel wieder erblühen. Zuerst spielte man die übrig gebliebenen Motive aus der eigenen Jugend: Carrera-Autos, Take That, die Skyline von Manhattan und so weiter. Bald aber wurden Motive mit mehr Teilen gesucht. In Hipster-Kreisen hieß es: »Wie, nur 5000 Teile?« Der gerade angeschaffte Saugroboter wurde sicherheitshalber deinstalliert, denn für Puzzleteile auf dem Boden konnte man ihn nicht hinreichend sensibilisieren. Die Motive wurden nebensächlich, weit wichtiger war der Schwierigkeitsgrad der Farbkonstellationen. Hellblaue Wolken in hellblauem Himmel, der Londoner Stadtplan in schwarz-weiß, grauer Stelzenläufer im grauen Nordseeambiente. Neue Schikanen wurden erdacht: Keine Randteilchen mehr zum Beispiel. Oder, ganz gemein, zu viele Teile, um die überflüssigen zuerst identifizieren zu müssen. Die Pandemie machte das Puzzle zum It-Piece, ohne musste man sich regelrecht erklären, verteidigen. Wie, kein Puzzle? Bei Elite-Partner wurde Puzzeln als neues Hobby fest hinterlegt. Es war ein Hype ohnegleichen, Ravensburg wurde trotz Randlage zum Zentrum der Wohnraumgestaltung.

Im New Normal wird das Puzzle wieder genau die Relevanz haben wie vor der Pandemie.

Quarantänehotel, das

Vor der Pandemie gab es diverse Kategorien, nach denen sich Unterbringungshäuser für Reisende unterschieden. Es gab Jugendherbergen, Luxusressorts, Sporthotels, Wellnesshotels, Hostels, Businesshotels, Pensionen, Boutique-Hotels, Biohöfe, Strandhotels und diverse andere. In der Pandemie gab es dann vor allem gar keine Hotels mehr. Also, sie existierten schon noch, aber waren geschlossen, nur teilweise geöffnet, boten geringeren Service, waren viel günstiger, machten keinen Spaß, weder den Gästen noch den Gastgebern.

Ein besonderes Schmuckstück ist das *Meliá Palma Bay* auf Mallorca. Ein Hotel in perfekt verkehrsgünstiger Lage zwischen Flughafen und Palma, unmittelbar an der Autobahn. Das *Meliá* war präpandemisch ein Tagungshotel, Urlauber fuhren in der Regel zielsicher daran vorbei.

Anders in der Pandemie, denn da wurde dieses Haus das Quarantänehotel der Insel. Und die Urlauber konnten, ja durften nicht einmal mehr daran vorbeifahren, sollten sie positiv getestet worden sein. Dann wurde eines der Gästezimmer des *Meliá* für 14 Tage für rund 2000 Euro ihr Refugium. Kein Besuch, kein Spa, kein Buffet-Restaurant, das Essen wurde dreimal täglich in Plastikbehältern vor die Tür gestellt. Der Blick auf den Flughafenzubringer war da nicht Entschädigung genug, und die Übernachtungskosten wollte auch keine Versicherung übernehmen. Entsprechend mager die Belegungsquote: Während der Osterzeit zum Beispiel wollten ganze elf Gäste den besonderen Zauber des Zero-Service in Anspruch nehmen.

Im New Normal wird die Kategorie »Quarantänehotels« von Reiseanbietern wohl nicht angeboten werden.

Querlüften, das

Recht spät in der pandemischen Debatte tauchten die Aerosolforscher auf, exakt am 12.4.2021 erst schrieben sie ihren offenen Brief an die Regierung und wiesen auf Dinge hin, die das gemeine Volk längst verstanden hatte, die politischen Kräfte aber noch nicht umsetzen konnten. Ihre entscheidende Grundaussage: Hört auf, Aktivitäten an der frischen Luft zu begrenzen, und legt den Fokus auf die Innenräume. Denn dort findet das virale Geschehen in erster Linie statt. In diesem offenen Brief wird wieder auf das L in der AHA+L+C-Regel hingewiesen, das Lüften nämlich.

Lüften kann man klassisch: durch Öffnen eines Fensters oder einer Tür. Das nervt das Virus, es muss dann raus aus dem kuscheligen Raum. Aber einige, wahrscheinlich mutierte Gesellen, bleiben immer noch irgendwo in den Ecken. Da hilft das radikalere Lüften, das Stoßlüften. Fenster aufstoßen, kurz, aber sperrangelweit, sodass auch die mutierten Viren nun erhebliche Probleme haben, den Raum nicht zu verlassen, zu groß ist der Weg in die Freiheit.

Die Aerosolforscher erweitern nun die Lüftungsvarianten um das neue deutsche Wort »Querlüften«, eine innovative Vorgehensweise. Queres Lüften bedeutet wohl, alle Fenster im Raum zu öffnen, um die Luftströme von jeder Ecke in jede andere Ecke rasen zu lassen und damit auch dem allerletzten renitenten Supermutanten den Weg aus dem Raum zu weisen. Vorpandemisch nannte man das »Durchlüften«.

Vorschlag für das New Normal: Aufkleber mit der Aufschrift »Ich bin ein Querlüfter!« aufs Auto. Ist auch in der pandemischen Auseinandersetzung mit den Maßnahmenkritikern eine gute Einstiegsmöglichkeit ins Gespräch: »Bist du Querdenker oder Querlüfter?«

Räuchermännchen, das

Im Erzgebirge gibt es viele kleine und größere Manufakturen, die aus Holz Pyramiden, Nussknacker, Spannuhren, Krippen, Spieluhren und eben Räuchermännchen bauen. Die Hauptstadt dieser Produktion ist Seiffen. Dort sitzt auch Tino Günther, der Chef von Spielwarenmacher Günther. Er hatte eine Idee, eine, die nach eigener Aussage viele Menschen in seiner Umgebung eher mit Skepsis betrachteten: Er dachte sich ein neues Räuchermännchen aus, immerhin 27 Zentimeter hoch, das optisch Deutschlands Virologen Nummer Eins, Christian Drosten, nachempfunden ist. Da steht Drosten nun in weißem Kittel mit blauen Knöpfen und einem roten Teststäbchen in der Tasche, mit wilder Frisur und recht großen Ohren, auf denen, wie selbstverständlich, eine chirurgische Maske sitzt. Eindeutig erkennbar.

Von Beginn an verkaufte sich das Männchen exzellent. Spielwarenmacher Günther kommt mit der Produktion kaum nach, im Gegensatz zu anderen erzgebirgischen Anbietern war sein Betrieb nie auf Kurzarbeit, wer jetzt bestellt, steht auf einer Warteliste, Drosten ist ein echter Bestseller. Der Virologe selbst gratuliert dem Erfinder seines Abbilds, geht also genauso gelassen damit um wie mit den Viren.

Im New Normal sollte das Anregung sein für die Spielwarenindustrie. Hier einige Vorschläge:

👉 LEGO – Das Impfzentrum:

Inklusive Wartehalle, Leitmarkierungen am Boden, Betten und Liegen, Kühlschränken, Hinweisschildern, medizinischem Zubehör. Und wie in der Realität mit 20 Figürchen in Kitteln und einer wartenden Figur mit Handy in der Hand.

👉 Ravensburger – Maskefix:

Gesellschaftsspiel für die ganze Familie. Gewonnen hat, wer die ganze Familie zum Ziel, der Impfung, bringt. Andere überholen ist genauso erlaubt, wie den Gegner durch Schlagen der Figur aufs Startfeld zurückzusetzen. Hilfreich ist der Einsatz der diversen Sperrsteine (gibt's in vier Farben, entsprechend der Priorisierungsgruppen für die Impfung), mit dem man Mitspieler lange ins Abseits stellen kann. Wer zuerst seine vier Spielfiguren als geimpft aus dem Spiel nehmen kann, darf anschließend auf dem Spielfeld machen, was er will. Er ist ja geimpft!

👍 Mattel – Melanie-Barbie:

Als Abbild der Braunschweiger Virologin Melanie Brinkmann eine langhaarige Barbie in weißem Kittel, in den Händen ein Schild mit dem Wort *Zero* und ein Laborglas mit grüner Flüssigkeit. Als Zubehör gibt es Stiefel, Sneaker, coole Hosen, Kleider, Reagenzgläschen und einen Talkshow-Sessel.

👍 Fisher-Price – Das kunterbunte Angel-Virusspiel:

Vor den Spielern wird eine kleine Wand in der Farbe eines Krankenhausvorhangs aufgebaut, die Spieler erhalten eine Angel mit kleinem Magneten. Jeder angelt abwechselnd, unter anderem nach kleinen Masken, Spritzen, Abstandshaltern, Schnelltesttäfelchen und verschiedenfarbigen Viren. Gewonnen hat, wer zuerst jedes der Teile einmal gesammelt hat und sich damit zum Virus-Besieger küren kann.

👍 Playmobil – Das Pandemieschiff:

Der Bestseller aus dem Hause Playmobil jetzt in der Mutanten-Version. Auf in den Kampf gegen Covid-19! Auf der Schaluppe *Quarantine* sind die Piraten außer Rand und Band: Käpt'n Chrissi trägt wie alle anderen keine Maske (höchstens vor dem Auge), keiner hält den Sicherheitsabstand ein. Die Insel der Coronaren soll erobert werden, aber sie ist gut befestigt. Sie haben nur 14 Tage Zeit, den bösen Halunken das Handwerk zu legen. Doch Vorsicht, da sind schon erste Mutanten, da nützen nur die dicken Kanonen und Enterhaken etwas!

Rudergerät, das

Im trockenen Wohnzimmer rudern gilt seit dem WaterRower von Manufactum wieder als einzig denkbare würdevolle sportliche Betätigung im eigenen Heim. Für knapp 2000 schlanke Euro trainiert man so mit Wassergeräusch (!) praktisch sämtliche wichtigen Muskelgruppen im Körper. Und es ist außerdem die Möglichkeit schlechthin, ein Ertüchtigungsgerät ins Ambiente voll moderner Designmöbel und reduzierter Minimalistenoptik so zu integrieren, dass einer Homestory in *Schöner Wohnen* nichts im Wege steht. So hätte es bleiben können ...

Doch dann schlossen die Fitnessstudios und von einem Tag auf den anderen standen Crosstrainer, Laufbänder, die Trizeps-Verlängerungsmaschine, der Stairmaster und eben das Ruder-Ergometer (so der Fachbegriff) nutzlos in klimatisierten Trainingshallen herum. Und die Nachfrage nach Übungsgerätschaften für zu Hause stieg sofort an. Dabei gewann das Rudergerät: Es ist einfach in der Benutzung, bezahlbar (wenn es nicht der WaterRower sein muss), einfach zu verstauen und wirkt auf den ganzen Körper ein. Das jedenfalls dachten die motivierten Konsumenten beim Kauf. Sie sahen sich täglich virtuell über den Rhein, Main, die Ems und Donau, die Aa und den Mondsee rudern, mit kraftvollen Zügen wie weiland der große Olympiasieger Kolbe. Aber dann kam die harte Realität: Das Ding stand im Weg herum, man setzte sich lieber auf den Sessel als auf den Sattel, es war langweilig und viel zu anstrengend.

Im New Normal stellt sich nun die Frage: Auf die nächste Apokalypse warten und das Rudergerät so lange im Keller, auf dem Dachboden, unter dem Bett parken? Oder zum Recycling-hof bringen und es dort in seine Einzelteile zerlegen lassen? Oder aber mit bedauernswertem Verlust bei Ebay anbieten? Es wird im New Normal ein Überangebot geben, nachdem es in der Pandemie eher Lieferprobleme gab.

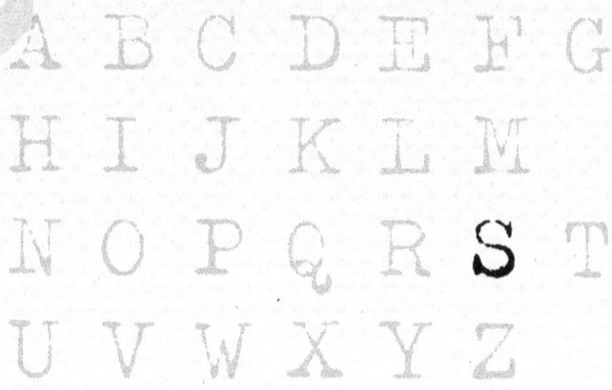

Schaufenster, das

Die Warenauslagen in den Schaufenstern des Einzelhandels sind in Zeiten der Pandemie Ausdruck unterschiedlichster Grundeinstellungen ihrer Betreiber gewesen. Einige wenige Phänomene sollen hier beispielhaft gewürdigt werden.

☞ Hinweisschilder:

Das Schaufenster ist die Litfaßsäule der Neuzeit geworden. Bevor man aber überhaupt auf die Produkte schaut, gilt es zuerst zu erfassen, wie genau die Lage ist: Geöffnet, geschlossen? Auch ohne Click and Collect? Welche Regelung greift im Moment? Neben den üblichen Abstandshinweisen und Maskenaufforderungen: Existieren noch andere wichtige Vorgaben? Wie hoch ist der Rabatt? Wie heißt die Website des Ladens? All das und noch einiges mehr kann man auf selbstverfertigten Schildern und Zetteln lesen, die von innen an die Scheibe angebracht wurden. Die Prognose für das New Normal: Dieses Kommunikationsmittel wird bleiben und erweitert das Schaufenster um Aussagen über das Sortiment und die allgemeine (Welt-)Lage.

☞ Kundenansprachen:
Nachfolgende Beispiele gab es tatsächlich in diversen deutschen Großstädten zu lesen und sagen viel aus über die Inhaber der Läden und ihr Bild von ihren Kunden.

- »Wir sind traurig, dass wir nicht öffnen dürfen.« – Eine freundliche, fast mitleidauslösende und in jedem Fall sympathische Nachricht
- »Zum Schutz unserer Community bleiben wir bis auf Weiteres geschlossen.« – Der moderne Ansatz: Kunden werden zur englischsprachigen Gemeinschaft gemacht, hip und trendy.
- »Wir können aufgrund einer Genehmigung für Sie öffnen.« – Das ist eine wichtige Aussage bei einem geöffneten Laden, könnte doch der Passant vor dem geöffneten Ladengeschäft denken, es sei, obwohl offen, eben doch geschlossen.
- »Bitte die Post für Juwelier D., Eisenwaren G. und Modeboutique L. bei der Apotheke abgeben.« – Das Schild verrät Effizienz in der Binnenorganisation, dafür aber etwas weniger Effizienz in der Kundenkommunikation.

- ▸ »Gerade in schwierigen Zeiten ist es wichtig, sich seine persönliche Lebensfreude zu bewahren ...« – Eine solche Botschaft zeigt eine betroffene, sensible und positiv denkende Einstellung. Lieb irgendwie.
- ▸ »Die Gesundheit von und unser Team geht vor.« – Hier schreibt jemand schnell, das Weglassen einzelner Worte, Buchstaben und eine leichte grammatikalische Verschiebung schaffen den Eindruck, hier werde vor allem auf die eigene Truppe geachtet. Gut fürs Team, aber auch gut für »von«?
- ▸ »Bitte klopfen. Danke!« – Schön knapp, keine Erklärung, der Schildtexter geht, völlig zu Recht, davon aus, dass die Kunden schon wissen, was los ist.
- ▸ »Wir liefern nach Hause.« – Auch das knapp und leicht verständlich, nur leider keine Erläuterung, wie man denn erfährt, wie eine Lieferung veranlasst werden kann. Auch wenn in der Kürze die Würze liegt, hier wird's doch sehr würzig.

☞ Weihnachtsdeko:

Noch nie zuvor sah man noch in der beginnenden Karnevalssaison in den Schaufenstern blinkende Putten, künstliche Tannen, rot verpackte Geschenke, Sternengeflimmer und Plastiknikoläuse in diversen Größen. Die Ladeninhaber, offenbar ihres Geschäfts, vor allem aber ihrer Kunden überdrüssig, kümmerten sich nicht mehr um passende Deko und ließen alles so wie seinerzeit die guten Pompejer beim

Ausbruch des Vesuv. Eine mutige Entscheidung und ein Pro-Argument für den Onlinekauf.

👉 Plakatnutzung:

Das sogenannte wilde Plakatieren wurde vorpandemisch vor allem auf tendenziell eher unschönen und einfarbigen Hintergründen vorgenommen: Brückenpfeiler, Zäune, Energierversorgungskästen und so weiter. Da nun die Schaufenster nicht mehr bewacht wurden, fanden die Plakatierer eine neue Spielwiese. Für Konzerte unbekannter Indie-Bands wurde, aus Gründen, nicht geworben. Aber die politische Botschaft bekam eine neue Chance. Insbesondere Gegner der Pandemie klebten auf ganz und gar unschuldige Schaufensterscheiben Botschaften an die enttäuschte Kundschaft. »Atmen ist Leben, die Pandemie Fake!«, so beispielsweise stand es auf einem Schaufenster zu lesen und führte dem frustrierten Shopping-Willigen unwillkommene Sinnlosigkeiten vor Auge.

Das Schaufenster also bekam, in gewisser Art und Weise, eine neue, herausragende Bedeutung und das, absurderweise, in Zeiten wachsenden Onlineumsatzes. Im New Normal werden die Schaufenster wieder das sein, was sie waren. Und das ist, ganz sicher, erfreulich.

Sixpack, das/der

Ein kanadischer Politiker hatte sein erstes Digitalmeeting um 9 Uhr Quebecer Zeit. Davor war er joggen gewesen, wollte sich nun duschen, umziehen, seine Kleidung für den offiziellen Teil des Tages anziehen. Allerdings machte er einen kleinen Orgafehler: Er loggte sich schon in die Konferenz ein, noch waren ja keine Teilnehmer da, so würde er garantiert pünktlich sein.

Leider aber war er dann doch nicht der Einzige. Denn als er gänzlich nackt, wie ihn der liebe Gott schuf, auf dem Weg vom Bad zur Ankleidekammer war, erblickte ihn die Kamera seines Computers – und so auch die anderen, ebenfalls frühzeitig eingeloggten Konferenzteilnehmer. Einer davon machte in der richtigen Sekunde einen Screenshot und stellte ihn gleich der durchaus interessierten Öffentlichkeit zur Verfügung. Will entschuldigte sich per Twitter bei Freund und Feind und versprach, das in Zukunft zu vermeiden.

Allerdings sah man seinem Body das regelmäßige Training durchaus an, Muskulatur und Sixpack waren sichtbar vorhanden. Und so wurde eher die berechtigte Frage gestellt: Welche Menschen geben sich eigentlich warum die Mühe, solche Missgeschicke an andere weiterzuspielen? Genau diese Frage ist es wohl, die man sich im New Normal deutlich stellen sollte. Denn fraglos bietet das digitale Format mehr Möglichkeiten, peinliche Momente anderer zu erfassen und danach weiterzugeben. Aber nett ist das nicht.

Smalltalk, der

In früheren Zeiten waren Smalltalks stets von einigen wenigen Themen geprägt, es ging in der Regel um das Wetter, den Fußball, die Familie oder den Beruf. Die Pandemie hat die Perspektiven neu ausgerichtet, die Themen und die Aussagen haben sich verändert. Hier einige Vorschläge für lockere Einstiegsdialoge im New Normal:

- 👍 »Und? Wie lange warst du so in Quarantäne? Ach, nur drei Kilo.«
- 👍 »Manche der Kollegen sind ja wie Covid, oder? Man versucht sich vor ihnen zu verstecken, aber eine Welle folgt der nächsten.«
- 👍 »Was machen Sie denn so beruflich? Ich helfe Menschen in Not. Pflegerin? Ne, Paketzustellerin.«
- 👍 »Und, was sagen Sie zu den neuen Mutanten?«
- 👍 »Letzten Drosten-Podcast gehört?«
- 👍 »Schon die zweite Impfung bekommen?«

Auch beim Flirten lassen sich nun neue Inhalte elegant und humorvoll einbringen:

- 👍 »Die Maske lässt deine wunderschönen Augen strahlen.«
- 👍 »Du bist wie Hefe: Ich suche schon lange nach dir!«
- 👍 »Wie gerne ich mit dir in Quarantäne gehen würde!«
- 👍 »Mein Leben ist ohne dich wie das Toilettenpapierregal: leer!«
- 👍 »Ach, wenn ich dich so sehe, steigt meine Inzidenz!«
- 👍 »Darf ich dich auf ein Zoom einladen?«

Social Distancing, das

Ein Wortungetüm, das sich international durchgesetzt hat und in umfassenderer Art all das enthält, was die AHA+L+C-Regel hätte ausdrücken sollen.

Nun ist die deutsche Sprache hin und wieder kompliziert und insbesondere dann Auslöser von Missverständnissen, wenn englische Begriffe deutsch klingen (*Where are you?*). Distanzierung bedeutet in der Regel ja mehr als nur Abstand halten, es bedeutet eher Abwendung, also sich bewusst entfernt halten, in kritischer Form. Wir distanzieren uns sozial von den anderen! Klingt anders als: Wir halten Abstand. Im Grunde ist soziales Distanzieren im wahrsten Sinne des Wortes asoziales Verhalten. Also eines, das normalerweise, also auch neu-normalerweise eher zu tadeln als zu wünschen ist.

Hier bedarf es noch des genauen Austarierens, was sozialverträglicher Abstand ist und was sozial unverträgliches Distanzieren. Aber ein Begriff, den man im New Normal nur selten und sehr gezielt anwenden sollte.

Strickliesel, die

Die Renaissance der guten alten Handarbeit ist durch die Pandemie verstärkt worden. Alles begann mit dem Selbernähen der Masken (das war Mitte 2020, als man naiverweise noch dachte, die würde vor Ansteckung schützen). Und wenn man schon beim Nähen war, warum dann nicht auch gleich Kleider, Hosen, Hemden? Burdas Vorlagehefte wurden rasant verkauft: *Neue*

Strickideen, Die besten Stricktrends, Stricken mit Kids, Poncho stricken leicht gemacht, Stricken für Anfänger, Das Strickmagazin, Die besten Strickanleitungen, Top Of Strick, Schönes Babystricken, Kreative Strickmuster, Stricken für Männer.

Eine Heldin der Vergangenheit aber wollte wohl keiner mehr aus den Kellerräumen hervorholen: die Strickliesel! Doch sie wird wieder ihren Platz in der heimischen Stube erobern, sie ist im New Normal das, was die Barbie in den 1970er-Jahren war: das Symbol für Schönheit, Style und Erotik. Die Strickliesel ist aus nachhaltigem Holz, hat eine Bordüre aus Stahl, eine Form, die schon die Römer und Germanen schätzten, und dient der Fertigung von Schnüren aller Art, damit auch der Vermeidung von Plastik und PVC.

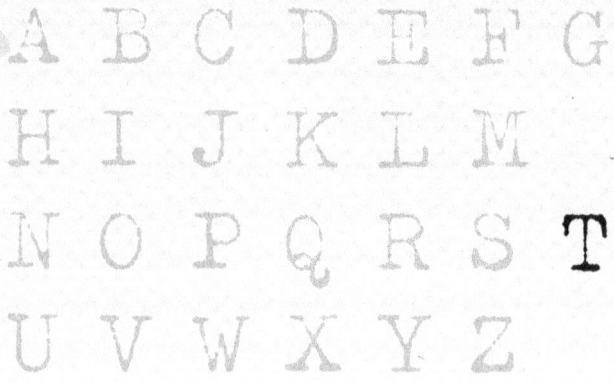

Tenet (Film)

Dieser Film wird für alle Zeiten als das Pandemiedesaster Hollywoods schlechthin dastehen. Noch in vielen Generationen wird es heißen: »*Tenet*, war das nicht der Film, den keiner gesehen hat?«

Christopher Nolans Meisterwerk sollte ursprünglich im August 2020 in die Kinos kommen. Aber da war doch was? Richtig: Die meisten Kinos waren geschlossen! Für wenige Tage konnten ihn wenige Besucher sehen, dann war es vorbei. Stattdessen wartete der Verleiher auf die Wiedereröffnung der Lichtspielhäuser. Vergeblich ... Und so startete schon Ende des Jahres 2020 das Angebot für die sogenannten Heimkinos (man konnte ihn also endlich legal streamen).

Ein Filmwissenschaftler sagte einmal, der Film sei kein Zeitreisefilm. Und dass es tatsächlich so sei, dass diese momentane Gleichzeitigkeit des sich vorwärts und rückwärts in der Zeit Bewegens eine wichtige Rolle spielt. Wenn das nicht auch eine perfekte Beschreibung des Pandemieverlaufs ist! Vorwärts und rückwärts, in einer Zeitschleife. Außerdem darf noch gesagt werden, dass die Handlung einigermaßen verwirrend und herausfordernd ist. Auch deshalb ist *Tenet* DER Corona-Film und sollte in keiner gepflegten VHS-Sammlung fehlen.

Tindern, das

Die Erste Allgemeine Verunsicherung bringt es in dem ohnehin nicht genug zu rühmenden Song *Küss Die Hand, Schöne Frau* auf den Punkt: »Grübel grübel und studier, warum fahr' ma net zu dir?«

Tindern war im Grunde nichts anderes als die manchmal schnelle, oftmals aber auch gar nicht so schnelle Zeit der Vorbereitung auf den Moment, in dem diese Frage gestellt wird. Dann kam das Virus und tindern wurde komplizierter. Aber nicht das Tindern selbst. Kucken, wegwischen, kucken, hinwischen, liken, warten, gematcht werden, kucken, wischen ... Diese Abfolge in einem Kennenlernprozess ließ sich auch während Corona exakt identisch durchführen. Aber dann kam die Herausforderung: Wie nun aus der virtuellen Sicherheitszone in die reale Seuchenwelt wechseln? Sich mit Abstand begegnen war ja unter Umständen noch möglich, draußen im Biergarten, dann in der Kälte, und am Ende ohne Bierbänke, Biertische und vor allem ohne Bier. Aber was, wenn das Match auch analog gefiel und sogar eine Form der Annäherung denkbar und entscheidungsfähig heranreifte?

Einig ist sich die Forschung: Küssen mit Maske verändert den Effekt erheblich. Auch ohne Forschung lässt sich diese Erkenntnis nachvollziehbar nennen. Im schlimmsten aller denkbaren Fälle werden die Masken darüber hinaus auch noch nass und die eigentliche Schutzidee der Maske wäre nicht mehr vorhanden. Außerdem ist insbesondere die FFP2-Maske vom ästhetischen Standpunkt in der Regel kein Zugewinn, und die harten Nähte machen das Nähern von Kopf, Gesicht und schließlich Lippenbereich wenig komfortabel und unsinnlich.

Eine ganz und gar erhebliche Veränderung des Balztanzes bedeutete das: Statt des ersten Kusses als Ausdruck erwünschter Intimität war es nun das erste Maske-Abnehmen, das dem anderen signalisierte: Ich vertraue dir, ich gehe ein Stück des Weges gemeinsam mit dir, ich will dich sehen und mich zeigen.

Erst nach diesem Schritt jedenfalls konnte man die Frage der EAV stellen. Garniert vielleicht noch mit so erotischen Fragen wie: »Und, bist du frisch getestet?« Oder: »Na, schon geimpft?« Oder, das dann aber eher für die intimeren Momente völliger Offenheit: »Bist du genesen?«

Tindern im New Normal wird sich schon im kleinen Profil der Tindernden auswirken, in dem neue Viruskategorien in die Beschreibungen miteingebaut werden: Typ B.1.525 oder Delta? Und es bedeutet, mehr Schritte einlegen zu müssen, bis es zum Äußersten kommen kann. Denn zu hoffen ist, dass es nicht jedes Mal so heißt wie im Song der EAV: »Zu mir nach Hause könn' ma nicht!«

To go

Ein Pandemiegewinner, dabei schon zuvor im Aufwind gewesen. Steht nicht für das westafrikanische Land Togo und wird übersetzt mit »zum Mitnehmen«. Der schöne Anglizismus kommt hierzulande aus der Welt des Kaffees: Coffee to go, mit diesem Begriff wurde der Kauf eines Pappbechers mit beispielsweise koffeinfreiem Latte mit Hafermilch und Kokoszucker zum Mitnehmen vermarktet.

Lange sind auch Speisen und andere Getränke von spezialisierten Anbietern zum Gehen etabliert, insbesondere in Großstädten. Die diversen Lockdowns bewegten dann auch die stationären Restaurants, ihre Angebote mobil zu machen. To go, Take-away und Lieferservice wurden dabei nicht immer trennscharf unterschieden, es entstanden diverse hybride Formen. To go hat aber in der Pandemie noch andere Bedeutungen erhalten. Zum einen wurde die Formulierung insbesondere dann benutzt, wenn man in einem Café oder Restaurant ein Getränk oder ein Stück Schwarzwälder Kirschtorte oder eine Pommes rot-weiß oder einen veganen Dinkelburger erstand und das eben Gekaufte nun direkt zu sich nehmen wollte. Denn dann wies einen der Betreiber der Lokalität darauf hin, dass man das im Umkreis von fünf bis 20 Metern auf keinen Fall tun dürfe, man habe zu gehen, you have to go also! Diese Regel, die die Entstehung größerer Menschentrauben zu vermeiden suchte, bewirkte logischerweise nur eines: Die Menschentraube entstand eben ein paar Meter entfernt vom Ausgabeort.

Gab es mehrere Ausgabeorte in unmittelbarer Nachbarschaft, musste sich die versammelte Menge sinnvoll verteilen: Die Pizzaesser standen vor dem Dönerladen *Ali*, die Weintrinker stellten sich vor das *Café Mozart*, die Kuchenfreunde sortierten sich wiederum vor der *Pizzeria Alasti* und die Döner-Besteller fanden sich vor dem *Weinladen Traube* ein. Nun war alles regelkonform, allerdings keineswegs zielführend.

Spätestens dann entwickelte sich die dritte Bedeutung von to go. Die Polizei rückte an, meist freundlich, nicht sofort mit Bußgeldbescheiden in den Händen und bat die anwesenden Hundertschaften, den Bereich zu verlassen und eben wegzugehen, to go, aber away diesmal. Der To-go-Auftrag führte zur Auflösung der entstandenen Gruppen an den beschriebenen Stellen, man ging in der zum jeweiligen Zeitpunkt gültigen Höchstpersonenmenge etwas weiter weg und aß und trank dann dort weiter. Szenen, die aus der Entfernung durchaus erheiterten, denn schon beim Nähern der Ordnungshüter begannen sich die Gruppen wie in einem chemischen Abstoßungsprozess auseinanderzubewegen, um dem kritischen Blick der Abstandsprofis keinen Beschwerdeanlass zu geben. Alle wollten den jedem irgendwie unangenehmen, ja peinlichen To-go-Moment möglichst schnell und unaufgeregt erledigen.

Wieder einfach da zu stehen, wo man es mag, dort auch das zu trinken und zu essen, was man möchte, und dabei den Wachtmeistern freundlich einen schönen Tag zu wünschen ist im New Normal anzustreben. Die To-go-Regel jedenfalls ist in der so umgesetzten und gelebten Form sicher eine Erinnerung für später und damit, wie alle Erinnerungen, wertvoll.

Toilettenpapier, das

Das mit dem Toilettenpapier wird im New Normal ein Problem. Volker Jung war es, der Chef von Hakle (Ambiente, Lady, Naturel mit Gras, Sanft und Weich), der in einem Interview mit der *Lebensmittel Zeitung* (!) im April 2021 darauf hinwies, dass Zellstoff knapp werde, die Chinesen (Weltmarktführer...) kaum noch nachkämen mit der Produktion und so mit einem historischen Preisanstieg zu rechnen sei. Und so heißt es also auch im New Normal: Kauft, bevor das Toilettenpapier zwar in den Regalen liegt, aber nicht mehr bezahlbar ist. Immerhin: Zu viel Toilettenpapier zu Hause kennt man nun ja schon.

Tonoption, die

Man ist es seit Zeiten der Volkstümlichen Hitparade gewohnt, dass die auftretenden Sängerinnen und Sänger und auch die dazugehörigen Musikerdarsteller keinen einzigen Ton von sich geben müssen (und im Zweifel auch nicht können), da die Sendung oder Liveshow im Voll-Playback aufgezeichnet und gesendet wird.

Eine abenteuerliche Idee, Musik in dieser Form zu produzieren, aber durchaus erfolgreich, wie man weiß. Auch deshalb fiel vermutlich den Produzenten von sogenannten Sitcoms ein, die Lacher des Publikums gar nicht erst abzuwarten, sondern gleich mit auf die Tonspur zu bringen. (Hat eigentlich schon mal jemand diese Lacher rein etymologisch mit den Smileys der digitalen Kommunikation abgeglichen? Denn der Sinn ist ja derselbe: Sollte der Betrachter oder der Leser den Witz nicht verstanden haben, bringt das Konservengelächter oder das schiefe Grinsegesicht die nötige Erläuterung dazu.)

Doch dann kam Corona und damit die Geisterspiele. Und als Option auf der Fernbedienung konnte man auswählen, ob man den Originalton aus dem Stadion hören wollte oder ein imaginiertes, jubelndes und auch mal buhendes oder pfeifendes Publikum. Die Tonoption war geboren. Ist schon das Spiel selbst ohne Fans eine Art Schauspiel, scheint es nur konsequent, nun auch die Geräusche der Kurven, der eigenen Getreuen und der gegnerischen Freunde einzuspielen.

Im New Normal sollte es normal sein, dass man Fangeräusche dann hört, wenn es sie auch gibt. Auch Stimmen von Trainern, Schiedsrichtern und Spielern können durchaus unterhaltsam sein – wenn also Tonoption, dann mit den herausgefilterten Kommentaren dieser. Das wäre eine echte Verbesserung.

Toobin, Jeffrey

Ein Top-Journalist in den USA, der unter anderem einen Bestseller über den Fall O.J. Simpson geschrieben hat, der dann Grundlage einer erfolgreichen Netflix-Serie wurde. Dann aber kam der Oktober 2020, ein Zoom-Meeting, in einem aus seiner Sicht unbeobachteten Moment zog der 60-Jährige blank und onanierte. Nur, leider: Er war eben nicht unbeobachtet. Ganz im Gegenteil, Kolleginnen und Kollegen konnten zuschauen, wollten das aber nachvollziehbarerweise nicht, und so kam es in dem Fall zu herben Konsequenzen, er verlor seinen Job, Freunde und Reputation ohnehin. Nicht geklärt ist, was genau der Anlass seiner Selbstbefriedigung mitten im Videocall gewesen ist. Aber das spielt im Grunde auch keine Rolle.

Empfehlenswert ist es, solcherlei spontanen Impulsen nicht unter Beobachtung der Kameralinse des Computers zu folgen. Man denke dabei auch an jene Spammails aus dem Jahr 2020, in dem Zehntausende erpresst werden sollten mit angeblichen Bildaufnahmen von der gehackten Frontkamera beim Betrachten von Unzüchtigem – und der entsprechenden Verarbeitung. Die Absender hofften auf ein schlechtes Gewissen und Scham der Angeschriebenen.

Jeffrey sollte also Warnung genug sein. Was immer man vor dem eigenen Bildschirm veranstaltet: Kamera mindestens abstellen, am besten gleich abkleben!!!

Tupperware-Party, die

Rund ein Prozent der deutschen Bevölkerung ist in den Direktvertrieb der von Earl S. Tupper erfundenen Plastikküchenartikel eingebunden, 800 000 Menschen also unterstützen den Verkauf der formschönen und praktischen Behälter und Zubereitungsunterstützer. Nun hat der Direktvertrieb seine allerbesten Zeiten hinter sich, könnte man denken, und Tupperware war auch schon vor der Pandemie in kleineren wirtschaftlichen Schwierigkeiten, schrieb rote Zahlen. Pandemische Zeiten erlaubten nun keine Livepräsentationen mehr vor den bass erstaunten Zuhörern, das ganze Vertriebsmodell also lag darnieder. Nehmen wir doch nur die innovative Brotdose Klick & Go, mit der man laut Herstellerbeschreibung auf der Website für »jede Aktivität hervorragend ausgerüstet« ist. Das »zeitgemäße, stapelbare System, das viel Freude bringt« ist auch als stylische Handtasche beliebt, ein echter Hingucker. Doch die Werbung kann viel erzählen, also möchte man am liebsten ausrufen: »Zeig doch mal!« Und genau hier scheiterte dann in der Pandemie die Vertriebsidee. Keiner kann es keinem zeigen, die Handtasche wird also doch wieder von Hermés oder Todd erstanden, der Klick & Go bleibt in den Lagerregalen liegen.

Aber nein, Tupperware geht mit der Zeit, es gibt natürlich auch hier Onlinepartys. Nur schnell einloggen beim Plastikdosennetzwerk Tuppsocial und schon geht's ans hurtige Geldverdienen oder Geldausgeben. Wer drei Partys im Monat veranstaltet, hat 360 Euro verdient, die man wiederum in den Ausbau der eigenen Tupperware-Sammlung investieren kann.

Oder man spart, bis es reicht, für eine andere Handtaschenlösung. Denn im New Normal wird es wohl so schnell keine vollgestopften Wohnzimmer mit Mettigel und kaltem Buffet mehr geben, in denen die »Partymanager« Böxchen, Schälchen und Fläschchen vorführen und dann direkt verkaufen können. Schade eigentlich, denn Tupperware-Partys gehören irgendwie dazu zu einem normalen Leben. Nur das mit der Plastikbox, die man auch als Handtasche einsetzen kann ... Das scheint auch im normalsten aller New Normals keine so gute Idee zu sein.

Typhoid Mary

In der Cinemax-Serie *The Knick* taucht sie auf, die Köchin Mary Mallon, deren tragisches Schicksal darin bestand, an ihrer eigentlich tödlichen Erkrankung nicht zu erkranken, die Krankheitserreger aber an andere weiterzugeben. Das geschah im Jahre 1907 in New York. Mary infizierte an die 50 Menschen mit Typhus, bevor der Kontext deutlich wurde, drei davon starben. Schnell erlangte sie Berühmtheit und erhielt den Spitznamen Typhoid Mary. Sie wurde isoliert, auf einer Insel nahe New York, ihr wurde untersagt, je wieder zu kochen, denn ihr Pudding war es wohl, der die anderen ansteckte. Doch sie begann nach einiger Zeit, wieder als Köchin tätig zu sein, überzeugt davon, an ihr könne es nicht liegen, wieder infizierte sie viele Menschen, wieder starben einige. Daraufhin kam sie noch einmal in eine jahrzehntelang dauernde Isolation. Sie starb mit Ende 60, wurde obduziert und man fand lebende Typhusbakterien in ihrer Galle.

Sie war eine Superspreaderin, die erste ihrer Art. Die AHA+L+C-Regel war also dringend angeraten, hätte aber um ein F wie »Finger weg von ihrem Essen!« oder Ähnlichem erweitert werden müssen.

Superspreader sind wesentliche Treiber einer Pandemie. Mit einem Superspreader ist das Singen im Chor in Vermont ebenso wenig sinnvoll wie Après-Ski in Ischgl oder freikirchliche Gottesdienste in Rödelheim. Wenn man nur wüsste, dass ein solcher auch mit dabei ist. Sie sind Spreader, also Verbreiter, mit Superkräften, die sie selbst lieber gar nicht hätten. Oder, wie Mary, die fest davon überzeugt sind, zu Unrecht als solche diskreditiert zu werden.

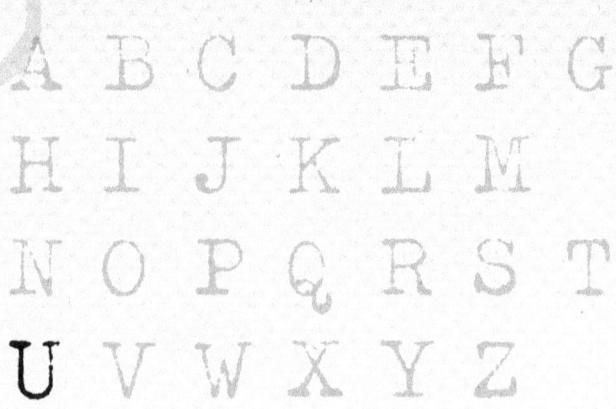

A B C D E F G
H I J K L M
N O P Q R S T
U V W X Y Z

Überbrückungshilfe, die

Der Staat erkannte in der Pandemie messerscharf, dass ohne finanzielle Unterstützung viele Wirtschaftszweige, ihrer Grundlage beraubt, in die Insolvenz gehen würden. Das aber wollte man verhindern und bot deshalb »unbürokratisch«, wie es hieß, »schnell und unkompliziert« Geldzahlungen an.

Wie der schöne Begriff schon verrät, ging man bei der Entwicklung dieser Vorgehensweise offenbar davon aus, dass eine kurze und handfeste Geldsumme die kleine Krise zu überbrücken hilft, denn bald würde es ja kräftig und nach vorne gerichtet weiterlaufen. Das war aber nicht so, und so folgte das Überbrückungsgeld II im November 2020 und im Jahr 2021 dann das Überbrückungsgeld III. Sehr viel also war zu überbrücken, was erst wie ein Bach aussah, wurde zum Fluss, zum Strom und schließlich zu einem ausgewachsenen Meer. Die Brücke wurde größer und auch deshalb instabiler, weil Nicht-Überbrückungs-geld-Berechtigte die unbürokratische Nicht-Kontrolle der Anträge ausnutzten und Geld einheimsten.

Die Österreicher hatten den Begriff »Überbrückung« schon fest an Arbeitssuchende vergeben, sie teilten daher ihren Zuschuss in Kategorien auf: Fixkostenzuschuss, Verlustersatz, ein Wirtshauspaket gar. Die Schweiz wollte da nicht hintenanstehen, vergab aber doch nur Kredite und betrachtete einzelne »Härtefälle«. (Man hätte allerdings glauben können, die pandemische Wirtschaftskrise sei im Ganzen ein Härtefall.)

Im New Normal werden die vielen Hilfen, Gelder, Kredite, Unterstützungen und Überbrückungen wohl zurückgezahlt werden müssen. Das wird nicht billig.

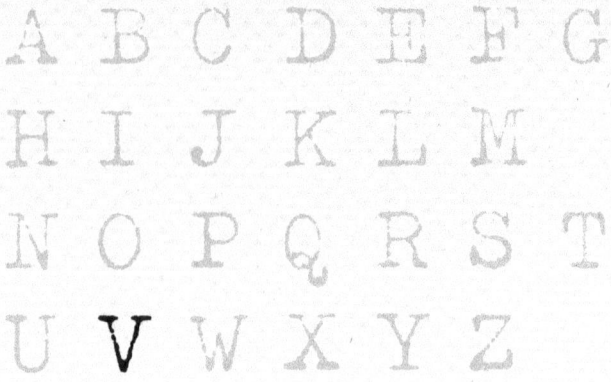

Veganismus, der

In der schweizerischen Zeitschrift *Weltwoche* war im März 2021 auf dem Titelblatt zu lesen: »Veganes Essen macht dumm«. Ein deutscher Lebensmittelchemiker stellte in dem dazugehörigen Artikel einen Zusammenhang her zwischen veganer Ernährung, psychiatrischen Behandlungen und fettigen Gehirnen, er kommt zu dem Schluss: Der wahre Veganer sei ein Kannibale. Spätestens hier könnte dem aufmerksamen Leser der Gedanke kommen, dass auch zu viel Fleischgenuss zu ernsthaften psychischen Beeinflussungen führen kann.

Dennoch: Der Veganismus hat in der Pandemie offensichtlich Schaden genommen. Ein veganer Kochbuchautor entschied sich schon zu Beginn der Pandemie, sich lautstark und voller kräftiger Sprachbilder für eine aus seiner Sicht wichtige Sache einzusetzen. Nun weiß man aus der Logiklehre ja ganz genau, dass die Schlussfolgerung, wenn ein Schnitzelesser bei Rot über die Ampel fährt, wohl jeder Rotsünder ein Schnitzelesser sein muss, falsch ist (Schnitzelesser fahren immer wieder auch bei Gelb, manche sogar bei Grün, kaum zu glauben). Und dennoch werden Veganer seither gern gefragt, ob sie denn diesem strafrechtlich verfolgten Koch auch in seinen anderen Einstellungen folgen. Hat, so wird damit gefragt, der dauerhafte Verzicht auf tierisches Eiweiß Auswirkungen nicht nur auf die körperliche, sondern auch auf die geistige Gesundheit? Diese Frage würde der Deutsche Fleischer-Verband e.V. vielleicht gern mit Ja beantworten, ansonsten aber gilt eindeutig zu sagen: Nein, diese Auswirkungen existieren nicht. Im New Normal isst man einfach das, was einem schmeckt und richtig vorkommt.

Vektor-basierter Impfstoff, der

Auch so ein Begriff, der einem heutzutage glatt und problemlos über die Lippen rollt, so, als habe man schon immer über Vektoren und deren Basen nachgedacht, sich darüber im Kreis der Freunde und Nachbarn regelmäßig ausgetauscht und sei mit den Bedingungen der Vektor-Basierung vollkommen im Reinen. Im Trivial Pursuit des New Normal wird es heißen: War Sputnik V ein Impfstoff nach der Methode ...

a.   Lebend
b.   m-RNA
c.   Tot
d.   Vektor

Und dann ruft der gewiefte Befragte aus: »Vektor-basiert, was denn sonst?« Gratulation zum grünen Stein für die Wissenschaft!

Vermummungsverbot, das

Eine gewisse Erschwernis bei der Reklamationsbehandlung im Demonstrationsfall ist die Maskennutzung geworden. Der linke Demonstrant vermummt sich ja gern unter schwarzer Maske. Dagegen spricht aber das Vermummungsverbot. Der rechte Demonstrant vermummt sich auch gern, unter einer braunen Maske. Ebenfalls verboten. Der Covid-Demonstrant vermummt sich nun gar nicht gerne und trägt keine Maske. Das ist aber nun auch verboten.

Durch diese Regeln wird dem Demonstranten an sich sein Handeln erheblich erschwert. Insbesondere ist es natürlich eine echte Herausforderung, gegen das Vermummungsverbot zu demonstrieren und dabei auf seine Maske zu verzichten. So wie es jetzt eine echte Herausforderung ist, gegen den Maskenzwang zu demonstrieren, dazu aber die Maske tragen zu müssen.

Die Politik und der Gesetzgeber müssen hier Lösungen anbieten, egal, ob vermummter Maskengegner oder maskenfreier Vermummungsgegner (oder umgekehrt).

Im New Normal wird das sicher irgendwie geregelt. Gerecht wäre es jedenfalls, wenn sich entweder alle maskieren müssen oder alle nicht maskieren dürfen.

Visier, das

Ein Relikt aus der Frühzeit der Pandemie, an das man sich späterhin mit kichernd naiver Freude erinnern wird: die transparenten
Plastikschilder vor dem Gesicht, die in den ersten Wochen insbesondere im Einzelhandel und in der Gastronomie eingesetzt
wurden. Sie schienen zwei entscheidende Vorteile zu haben:
Man konnte frei sprechen und die anderen sahen das komplette
Gesicht. Allerdings musste man recht schnell erkennen, dass sie
leider vollumfänglich wirkungslos waren, der Verhinderung von
aerosoler Verbreitung keinen Dienst erwiesen und also weder
dem Träger noch dem Gegenüber irgendeinen Schutz boten.
So verloren sie ihre Bedeutung in der gleichen Geschwindigkeit, wie sie sie erhielten. Und erinnerten damit an die Visiere
der Ritterrüstungen, die den Blickwinkel des Kämpfers erheblich
reduzierten, die Atemmöglichkeiten einschränkten und das Ge-
wicht und die Schwerfälligkeit der Bewegungen erhöhten.

Visiere werden im New Normal Feuerwehren, Schweißern
und Forstmitarbeitern vorbehalten bleiben. Gut so!

Vitamin D3, das

Die Sonne! Die Sonne und du!
Gehör'n Dazuhuhuhu!

Udo Jürgens (1983)

Vollgenesene Halbgeimpfte, die

Neue Kategorien zur Beschreibung eigener oder fremder Umstände etablieren sich und werden im New Normal ihre Fortsetzung finden. Wer die Infektion überstanden hat, wird zum Genesenen, wer erst eine von zwei Impfdosen in sich hat, ist ein Halbgeimpfter, aber sowohl die Halb- als auch die Vollgeimpften sind erst dann echte Geimpfte, wenn jeweils 14 Tage vergangen sind. Vollgeimpfte ohne diese Frist sind daher eigentlich noch Halbgeimpfte, Halbgeimpfte sind so lange im Grunde Ungeimpfte.

Ganz selten wird es auch vollgeimpfte Neuerkrankte geben, halbgeimpfte positiv Getestete sind denkbar, schnellgetestete Genesene wohl eher selten. Erwartbar sind allerdings weitere Kombinationen, wenn die Impfstoffe ähnlich wie bei der Grippe an neue Varianten des Virus angepasst wurden. Vorschläge könnten sein: nachgeimpfte Genesene, erstgeimpfte Vorerkrankte, genesene Drittgeimpfte ... Es wird voraussichtlich unübersichtlich werden.

Webasto

Webasto – Feel the Drive. Einer der ganz großen Zulieferer für die internationale Automobilindustrie, über 14 000 Mitarbeiter, besonders engagiert in den Bereichen elektrische Mobilität und Dachsysteme, aber auch Heizung und Klimaanlagen gehören zum Repertoire. Webasto sitzt im idyllischen Gauting-Stockdorf nahe des Starnberger Sees. Gegründet von Wilhelm Baier in Stockdorf, daher auch der Name, so hatte sich das der Firmengründer im Jahre 1908 überlegt.

Warum das hier erzählt wird: Bei Webasto war der erste deutsche Coronapatient beschäftigt, der sich in China auf einer Dienstreise angesteckt hatte. Im New Normal kann man mit dieser historischen Anekdote Eindruck schinden. Denn das weiß irgendwann wirklich gar keiner mehr.

Welle, die

Welch selige Zeiten waren das, als man den Klang der auf den Strand oder Fels der Urlaubsinsel treffenden Wellen als beruhigend und wohltuend empfand. Welch selige Zeiten waren das, als man seinen geliebten Radiosender über Ultrakurzwelle auswählte und genoss. Welch selige Zeiten waren das, als man Robby Naish bewundernd dabei zuschaute, wie er die größten Wellen mit seinem Surfbrett bezwang. Welch selige Zeiten waren das, als man beim Friseur zwischen Minipli und Dauerwelle wählen konnte.

Die Pandemie verlaufe in Wellen, hieß es, und hatte man die eine bewältigt, kündigte sich die nächste bereits an. Bei jeder neuen Welle hatte man natürlich alle Möglichkeiten in der Hand, um sie zu verhindern. Aber, leider, leider, das klappte nicht, die Maßnahmen reichten nicht aus, die Welle kam doch und verging und die nächste Welle ... die kam auch. Und so ging es weiter.

Und so singen Juli schon seit Jahren:

> Das ist die perfekte Welle
> Das ist der perfekte Tag

Ein Song für die Ewigkeit und ganz sicher für das New Normal.

Welpenboom, der

Der Hund ist des Menschen bester Freund, sagt der Volksmund. Auf diesen ist deshalb wohl ein jeder in Zeiten der Pandemie gekommen. Welpenboom, jubeln die Hundezüchter. Welpenboom, sorgen sich die Tierschützer gleichzeitig.

Aus Kindern werden Menschen, aus Welpen werden Hunde. Und genau die werden im New Normal sehr präsent werden. Die Hitparade der Rassen (Im Grundgesetzt wurde dieses Wort nur für Menschen gestrichen, Tiere darf man weiterhin so aufteilen) zeigt diese Top Ten:

- 👉 Labrador
- 👉 Französische Bulldogge
- 👉 Chihuahua
- 👉 Jack Russell Terrier
- 👉 Golden Retriever
- 👉 Australian Shepherd
- 👉 Schäferhund
- 👉 Border Collie
- 👉 Malteser
- 👉 Dackel

Was sofort auffällt: Die Welpen sind alle ähnlich klein und niedlich, die Wachstumsschübe aber doch sehr unterschiedlich. Haben alle Welpenboom-Teilnehmer daran gedacht? Was, wenn das Schäferhund-Welpchen in der Etagenwohnung mitten im Viertel noch zuckersüß vor sich hin spielt, aber schon kurz darauf eigentlich freien Auslauf in der Größe eines 18-Loch-Golfplatzes braucht? Ist die neue Hundebesitzergruppe der Corona-Cocker-Spaniel (klingt so schön und liegt doch nur abgeschlagen auf Platz 27 der Lieblingshundeliste) auf diese Herausforderung vorbereitet?

Es wird mehr Hunde geben, große Hunde, schlecht erzogene Hunde, laute Hunde, freilaufende Hunde, Hunderunden am Morgen und am Abend werden zunehmen und Hundeschulen und Hundeärzte können schon jetzt Investitionen in die Zukunft planen.

Die geburtenstarken Welpenjahrgänge der Pandemie entsprechen in gewisser Art dem Babyboom in den Jahren 1963 und 1964. Süß waren sie damals, die kleinen Racker, auch wenn es viele gewesen sind, aber bald belasten sie im Übermaß die Rentenkassen. Süß sind sie jetzt auch, die kleinen Racker, aber bald werden sie im Übermaß die Ruhe der Rentner in den Stadtparks stören.

Westminster Abtei, die

Die Westminster Abbey mitten in London ist eine prachtvolle Kirche, die im 13. Jahrhundert im Stile der Hochgotik gebaut und im 18. Jahrhundert durch zwei gotische Türme erweitert wurde. Ihre bewegte Geschichte zeigt sich auch in den Grabstätten, in denen unter anderem Elisabeth I., Maria Stuart und Heinrich VII., aber auch Stephen Hawking, Isaac Newton oder Charles Dickens liegen.

Genau dort, wo das Grab des Letzteren zu finden ist, wurden in der britischen Impfkampagne bis zu 2000 Briten wöchentlich geimpft. Die Kirche also als Ort der Lebensrettung, das ist symbolisch eine schöne Angelegenheit. Bedauerlich, dass man in der Pandemie vom Kölner Bischof eher über Missbrauch und den Umgang damit als über den Kölner Dom als Impfoption lesen musste. Im New Normal sollte man die Kirche und auch die Kirchen in besseren Zusammenhängen erleben können.

Winke, winke

»Mach mal winke, winke!«, rief die Mama, wenn man nach Besuch von Oma und Opa noch einmal aus der Haustüre schaute und gemeinsam traut nebeneinander zum Abschied dem davonfahrenden Automobil hinterhersah.

Einige Jahre später dann winkte man gerne beim Sonntagnachmittagsspaziergang auf der Autobahnbrücke den Autos zu, in der Hoffnung, der eine oder andere Fahrer würde dies sehen und zurückwinken. Auch Schiffen winkte man zu, auf den Kanälen und Flüssen, man winkte aus Zugfenstern, wenn man beschrankte Bahnübergänge querte.

Und wieder einige Jahre später folgte man den Anweisungen des Musikstars auf der Bühne: »Show me your hands!«, hieß es dann, und man showte sie und bewegte sie im Rhythmus der Musik, also ein recht organisiertes Winken im gleichen Takt. Dann aber, jahrelang, winkte man nicht mehr. Warum auch, wem und wann? Winken war nicht mehr in Mode und sah auch bei erwachsenen, geradezu ausgewachsenen Menschen eher merkwürdig aus.

Doch dann, in der Pandemie, kam Zoom. Oder Teams. Oder Hangouts (sicher der merkwürdigste Name der diversen digitalen Meeting-Plattformen). Da saß man in seinem Homeoffice und erblickte in Kästchenform seine liebsten und allerliebsten Kolleginnen und Kollegen auf dem Bildschirm. Danach dann eine schnelle Besprechung nur zu den wichtigsten Themen, keine viereinhalb Stunden später schon endete der Call und man verabschiedete sich. Und: winkte!

Ja, da war es wieder zurückgekehrt, das Winken in die Kamera, zu Hause auch noch, man winkte den anderen zu und rief entzückt: »Tschühühüß!« Oder: »Wir seeeeeeehen uns!« Oder: »Bis bahahald!« Losgelöst von der Erde, mit hoher Stimme, voller Freude, dass nun auch diese digitalen Stunden vorbei sind, winkte man fröhlich und kindlich den anderen zu.

Im New Normal werden die digitalen Konferenzen ganz sicher nicht weniger werden. Aber man sollte das Winken beenden und andere Abschiedsgesten etablieren. Ein zackiges Ahoi mit den Fingern an der imaginierten Kapitänsmütze? Buddhistisch beide Hände flach aneinanderpressen und sich dabei leicht nach vorne beugen (im Grunde also das Danke-Emoji nachbilden)? Eine Faust hochrecken (Achtung, passt nicht immer, sollte man checken vor der Tat)? Ein angedeutetes Lächeln, kurzes Kopfnicken, kein Wort sagen, dann auf den Off-Button klicken ... Was immer man wählt: Winken, sich zuwinken ist nicht das Mittel der Wahl. Der letzte Eindruck der anderen nach einem Meeting sollte nie an Barbamama oder Barbapapa erinnern.

Winterhude

An der östlichen Seite der Außenalster gelegener Hamburger Stadtteil, dessen vorpandemische Attraktion eine quer durch das Viertel laufende Straße war, die am Morgen nur stadteinwärts und ab den Mittagsstunden ausschließlich stadtauswärts befahren werden darf. Möglicherweise hat diese nicht für jeden Autofahrer sofort einleuchtende Lösung als Vorlage für die Maskenanlegeregel gedient. Nach dem Prinzip »Warum einfach machen, wenn es auch schwer geht?« lautete die Regelung im Wortlaut auf der Website der Stadt Hamburg so:

»Bellevue: Hausnummern 1 bis 47 einschließlich angrenzenden öffentlichen Grünanlagen bis zum Uferrand, sonnabends, sonntags und an Feiertagen in der Zeit zwischen 10 Uhr und 18 Uhr. Fernsicht: bis zu und einschließlich Hausnummern 1 bis 7, einschließlich angrenzenden öffentlichen Grünanlagen bis zum Uferrand, sonnabends, sonntags und an Feiertagen in der Zeit zwischen 10 Uhr und 18 Uhr. Fernsichtbrücke: bis zur Einmündung Bellevue und einschließlich Hausnummern 47 bis 1, sonnabends, sonntags und an Feiertagen in der Zeit zwischen 10 Uhr und 18 Uhr. Forsmannstraße zwischen Semperstraße und Goldbekufer: sonnabends zwischen 8 Uhr und 15 Uhr. Leinpfad: von der Krugkoppelbrücke bis Hausnummer 1 einschließlich angrenzenden öffentlichen Grünanlagen bis zum Uferrand, sonnabends, sonntags und an Feiertagen in der Zeit zwischen 10 Uhr und 18 Uhr. Moorfurthweg: sonnabends zwischen 8 Uhr und 15 Uhr. Mühlenkamp: im räumlichen Bereich zwischen Körnerstraße und Preystraße, Hausnummer 1 bis 21 und 2 bis 18, sonnabends, sonntags und an Feiertagen in der Zeit zwischen 10 Uhr und 18 Uhr.«

Das klingt einleuchtend und genau abgezirkelt. Sollte es aber doch dazu kommen, dass der eine oder die andere desorientiert um 18.01 eine Maske trägt oder an der Hausnummer 49 um 12.17 Uhr keine, gibt es noch die andere Option, auf die auf der Website des Hamburger Senats auch gleich freundlich hingewiesen wird:

»Bitte beachten Sie: Die Polizei kann im Einzelfall auf öffentlichen Wegen, Straßen oder Plätzen eine räumlich begrenzte Maskenpflicht anordnen, wenn dies aus Infektionsschutzgründen erforderlich ist. Dies ist insbesondere der Fall, wenn das Abstandsgebot durch einen erheblichen Teil der anwesenden Personen nicht eingehalten wird oder aufgrund der räumlichen Verhältnisse oder der Anzahl der anwesenden Personen nicht eingehalten werden kann.«

Sympathisch, transparent und leicht umsetzbar: Im New Normal sollte das dennoch eher kein Maßstab für Krisenkommunikation sein.

Wochenendlücke, die

Jeder nur halbwegs engagierte Inzidenzfreund rieb sich regelmäßig an jedem Wochenende immer wieder neu erstaunt die Augen, wenn er die vom RKI täglich veröffentlichten Zahlen betrachtete: Die gingen herunter! Doch die Freude währte nur Zehntelsekunden, denn dann fiel einem ein, was der Grund war.

Richtig, Wochenende, da meldeten ja nicht alle Gesundheitsämter ihre Zahlen.

Im Ernst? Da wird die Welt von einer lebensbedrohlichen
Seuche heimgesucht, da wird weltweit nach Impfstoffen gesucht, Krankenhäuser werden technologisch aufgerüstet, neue
Konzepte zur Versorgung von Kranken werden entwickelt, ein
weltweiter Austausch von Daten, Erfahrungen und Schlussfolgerungen findet statt: Aber die Ämter sammeln am Wochenende keine Daten?

Dass es in 18 Monaten Pandemie nicht gelungen ist, hier Ab-
hilfe zu schaffen, ist schon ein außergewöhnliches Phänomen.
Der RKI-Präsident durfte in dieser Zeit mehrfach sagen: »Ich
halte die Zahlen nach Weihnachten, Ostern, Wochenenden und
so weiter für nicht zuverlässig.« Ja, hallo, dann macht sie doch
zuverlässig! Und schafft vielleicht doch Computer an und Fax-
geräte ab.

Wir merken uns: Im New Normal sollte man über die Arbeits-
zeiten und Technologien von Ämtern und Beamten sprechen

Wohnmobil, das

Gleich doppelt hat das Wohnmobil eine Renaissance erlebt.
Während die Welt noch über E-Autos und deren hybride Kom-
promisse diskutiert, Volkswagen Skandale aufarbeitet, Opel
schrumpft und Deutschsprechende lernen, den Namen Hyun-
dai richtig auszusprechen, wachsen die Umsätze der großen
Wohnmobilhersteller kastenwagengerade nach oben. Und die-

se werden auch im New Normal ihre Rolle im Automobilsektor auszubauen wissen.

Flugreisen, Hotelaufenthalte, Busfahrten, Frühstücksbuffets – das waren einmal Momente der romantischen Verklärung touristischer Idyllen. Doch Reisen in motorisierten Campingwagen sind unabhängig von beinah allem, was Corona an Boshaftigkeiten bereithält. Man sitzt fröhlich und aerosolfrei in seinen eigenen vier Wänden, muss im Grunde bis auf einige tatsächlich unvermeidliche Aktivitäten wie das Chemieklo leeren oder den Frischwassertank befüllen die Räumlichkeit nicht verlassen und genießt mit den Seinen den ungetrübten Blick in die verseuchte Welt. Selbst engagierteste Mutanten haben da keine Chance. Im New Normal wird das Wohnmobil von beinahe jedem gefahren werden, Parkhäuser müssen mit höheren Etagen gebaut werden, nutzbare Parkplätze für die Eigenheimherumfahrer werden erweitert. Statt wirkaufendeinauto.de wird es heißen: wirkaufendeinwohnmob.il, bei Tinder wird die Frage nach dem Wohin mit dem Vergleich der beiden Wohnmobile beantwortet und 2026 wird Porsche seinen ersten 911 als 911dwell auf den Markt bringen.

Zumal, und das ist die zweite Entwicklung, die das New Normal prägen wird, die Idee des Restaurantbesuchs ohne Restaurantbesuch Schule machen wird. Wie zum Beispiel im idyllischen *Dorfwirt & Friends* im schönen Unterammergau. Womo-Restaurant nennen es die begeisterten Womo-Besitzer, fahren vor, bekommen die Gänge des Dinners durch die Eingangstür gereicht (mit Maske, versteht sich) und essen dann am eigenen Tisch im Wageninneren. Statt Essen auf Rädern wird es in

Zukunft also heißen: Essen in Rädern. Der Wirt spart sich das Spülen, die Tische müssen nicht gedeckt werden und die Gäste bekommen dennoch frisch Gekochtes auf ihre (eigenen) Teller.

Also, Wohnmobile sind das neue Ding.

Wohnzimmerkonzert, das

Auch dieser Begriff hat durch die Pandemie eine faszinierende Bedeutungsveränderung erhalten. Früher handelte es sich in der Regel um Momente, in denen die Familie im trauten Heim zusammenkam und gemeinsam musizierte, gerne mit Pianoforte, Blockflöte und Mundorgel. Zum Glück wurden diese familiären Idyllen nur selten auf Tonband aufgezeichnet, geschweige denn auf Super 8 gefilmt. In den letzten rund zehn Jahren waren die Wohnzimmerkonzerte hauptsächlich Übungsstunden für Castingshow-Anwärter, um sich auf die sogenannte große Bühne in Berlin vorzubereiten. Es blieben aber interverwandtschaftliche Auftritte im privaten Kreise.

Dann kam das Virus. Und plötzlich begannen die großen Stars, zu Hause zu singen, zu musizieren und dies über einen der vielen Kanäle zu verbreiten. Man sah die, die sonst beim Livekonzert im Stadion gefühlt 400 Meter entfernt kaum zu erkennen waren, nun wie jemanden aus der Nachbarschaft: intim, leise, unmittelbar und beinahe persönlich! Ein ganz anderer Ein- und Anblick war das, der die Nähe zwischen den Künstlern und ihren Fans erheblich intensivierte.

Diese Form der Konzerte wird bleiben. Wenn man heutzutage sagt: »Mensch, Egon, ich habe gestern The National live gesehen«, dann muss das nicht mehr heißen, dass man im Konzerthaus oder -saal war, sondern es kann auch einfach bedeuten, dass man sich bei Youtube eingeloggt hat, um mit Millionen anderen ganz nah dabei gewesen zu sein. Live ist im New Normal nicht mehr live, oder es ist beides oder beides nicht, was man dann hybrid nennt.

Womit?

Bei den deutschen Frageworten, die ja gern mit einem »W« beginnen, hatte das Womit immer einen traurigen und ungerechten letzten Platz in der Tabelle der Benutzungshäufigkeit. Wer, was, wo, wie, wann: Das waren die Top 5 der W-Worte, Kinder lieben noch das Warum, Chefs das Weswegen. Aber Womit, das kam einfach selten vor. Die Pandemie hat dieses schöne Wörtchen nun ganz nach oben gespült. Und da wird es auch noch lange bleiben und im NN einen Spitzenplatz behalten.

Der Dialog dazu lautet:

> Und? Bist du geimpft?
> Ja.
> Womit?

Die Antwort auf diese Frage spaltet die Gesellschaft. Jede Nebenwirkung jedes Impfstoffs ist bis zu einer Wahrscheinlichkeit des Eintreffens von 1:1 000 000 jedem bekannt, die politischen Diskussionen, die unterschiedlichen Entscheidungen der Impfstoff-Genehmigungsbehörden, die Lieferbarkeiten, ja sogar die Produktionsländer spielten bei der Bewertung der Qualität der

Dose eine immense Rolle. Mit der Beantwortung des Womit konnte man also deutlich machen, ob man zur Elite gehörte und das gute Zeug in sich trug, nur mittendrin war und einen der anderen, eher unbekannten Aktivposten bekommen hatte, oder, im schlimmsten Falle, offenbar hochrisikobereit auch die nebenwirkungsreichsten Stoffe akzeptiert hatte.

Es wäre sicher eine Übung wert, dasselbe mal bei den Schmerzmitteln akribisch anzustellen, in den Medien zu benennen und von den politischen Kräften bewertet zu bekommen. Denn diese nutzt jeder ohne jedes Nachdenken und Unterscheiden, dabei sind die Nebenwirkungsauflistungen auf den eng bedruckten Packungsbeilagen ausgesprochen lang. Der Dialog dazu würde dann so aussehen:

Ich hatte echt starke Kopfschmerzen. Aber jetzt sind sie weg, habe sie medikamentös vernichtet!

Womit?

Äh, also mit einer Schmerztablette.

Welche?

Ist doch egal, die lag in der Schublade. Und die Kopfschmerzen sind schließlich jetzt …

Wie, egal? Weißt du nicht, dass A zu Gerinnseln, I zu Hautausschlägen und P zu Herzrasen führen kann?

Jaja, aber, ich meine, habe ich ja nun nicht, und die Schmerzen sind ja nun …

Gut, musst du ja wissen. Einfach nur auf das Ergebnis schauen, das ist echt gefährlich. Man muss doch wissen, was man zu sich nimmt.

Das Womit dürfte im New Normal seinen Fragewort-Spitzen-platz wieder abgeben. Es wird noch weitere Impfstoffe geben, auch noch neue Mutanten, die wiederum neue Impfstoffe erfor-dern. Und es wird wieder mehr geschaut auf das pure Ergebnis, nicht auf die möglichen Komplikationen. Möglicherweise wird es im NN eine Beruhigung der Lage geben. Und die eigentlich so harmlose wie positive Aussage »Ich bin geimpft« wird mit einer freundlichen Gratulation zur Kenntnis genommen.

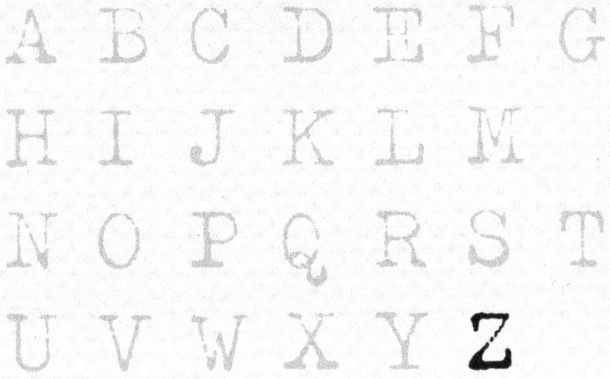

Zahlen, die

In der Pandemie bekamen Zahlen und Werte eine ganze neue Aufmerksamkeit. Präpandemisch wollte man von Zahlen vor allem wissen, welche Temperatur erreicht und wieviel Regen herunterkommen würde. Für Börsianer gab es noch den DAX, für den *Biggest Loser* die Kilo auf der Waage, für den Fernsehstar die aktuelle Quote, für den Bademeister den Chlorgehalt des Wassers im Schwimmbecken.

Die Pandemie änderte das in schneller und geradezu radikaler Art und Weise. Zahlen wurden von allen mit größter Akribie verfolgt und bewertet. Aber auch ganz abstrakte Zahlen bekamen eine eigene Glorie und entwickelten ein Eigenleben. Viele davon werden im New Normal nicht mehr verschwinden. Nachfolgend die schönsten und wichtigsten davon:

☞ 0: Prozentwert, den manche Betriebe über Wochen und Monate in der Kurzarbeit den Angestellten noch als Gehälter zahlen konnten

☞ 1: der R-Wert. Bei 1 ist alles gut, besser wäre darunter, schlecht ist alles darüber.

☞ 1,07: der R-Wert über 1, der sich harmlos anhört, es aber doch nicht ist. (Schwer kommunizierbar, besser wäre es, Werte zu nehmen, deren Tragweite auch Laien erkennen können.)

☞ 1,5: Meter – der Abstand! Genau 150 Zentimeter sind es also, die entscheiden, ob eine Gruppe zusammenstehender Menschen eine Gruppe zusammenstehender Menschen oder eine Schlange ist, dennoch aber die Aerosolaustausch-Gefahr auf ein erforderliches Mindestmaß reduziert. Diese 1,5 wird der Standard bleiben für alle Ewigkeit, zumal es noch in vielen Jahren Markierungsreste auf diversen Bodenbelägen geben wird.

☞ 2: Anzahl der zulässigen Haushalte, wobei einer davon nur aus einer Person bestehen darf (mit einer gewissen Kombinationsfreude, was Kinder und Kindeskinder betrifft)

☞ 2: FFP gehört dazu, aber weiß eigentlich irgendjemand, was diese 2 bedeutet?

☞ 3: Tage – die Zahl der Tage, die sich die meisten Arbeitnehmer im NN noch als Präsenztage im Büro vorstellen wollen

☞ 4: Tage-R-Wert – aus der Frühzeit der R-Werte, wurde aber schnell von den sieben Tagen verdrängt.

☞ 5: Tage – Quarantäne, dann Schnelltest, das ist die quicke Quarantäne in mutantenfreien Zeiten.

👉 6: Impfungen, die man wohl mit einer einzigen Impfdose vornehmen kann. Oder nein, vielleicht sogar 7?

👉 7: Tage-R-Wert – wurde irgendwann eingeführt, um den Ein-Tage-Wert zu relativieren und den Vier-Tage-Wert zu vermeiden.

👉 10: Tage – Quarantäne, die klassische

👉 14: Tage – die mutantengeeignete Quarantäne

👉 15: Minuten, die man mit einem Coronaerkrankten zusammensein darf, bevor die App von Grün auf Rot umschaltet

👉 16: Zahl der deutschen Bundesländer und damit Zahl der länderspezifischen Anti-Corona-Maßnahmen

👉 19: Covid-

👉 30: Sekunden – Händewaschen

👉 47: Prozent – Wirksamkeit nach ersten Tests des neuen Impfstoffs von CureVac. Da geht noch was!

👉 50: Meter – Mindestabstand vom Wein-Bier-Kaffee-Eis-Anbieter, wenn man das gerade Gekaufte outdoor zu sich nehmen möchte.

👉 60: Prozent – Kurzarbeitszuschlag der Agentur für Arbeit

👉 100: Inzidenzwert über 100 hieß, man müsse bremsen, um die Zahlen nicht weiter steigen zu lassen. Haben sich hin und wieder auch manche Bundesländer drangehalten. Aber nicht genug.

👉 117: die britische Mutante

👉 165: Der Inzidenzwert, bei dem sich laut Bundesnotbremse irgendwas ändert. In der Bundestagsdebatte dazu wurde gefragt: »Gewürfelt?«

- ☞ 200: Euro – kostet das Nichteinhalten der Coronaregeln jeden Einzelnen

- ☞ 500: Teilnehmer, höchstens – war mal eine der vielen Grenzen von öffentlichen Veranstaltungen, die erlaubt waren und im zeitig nahen Anschluss wieder verboten oder weiter reduziert wurden.

- ☞ 1180: Höhenmeter von Ischgl, dem Superspreader-Ort schlechthin im deutschsprachigen Raum

- ☞ 1351: Südafrika-Mutante, mit einem B davor

- ☞ 1972: Geburtsjahr von Christian Drosten, genauer der 12.6., dürfte im New Normal neuer Feiertag werden

- ☞ 10 000: Teilnehmer auf der Anti-Corona-Demo in Stuttgart. Zitat Oberbürgermeister: »Die Stadt ahndet das in Zukunft mit Bußgeldern.«

- ☞ 15 000: DAX-Rekordwert, der mitten in der Pandemie am 29.3.2021 erreicht wurde.

- ☞ 28 000: Intensivbetten in Deutschland, 22 000 davon mit Beatmungsoption

- ☞ 50 000: Arbeitsschritte bis zu Erstellung des BioNTech-Impfstoffs

- ☞ 52525: Postleitzahl von Heinsberg, den einzig wahren Karnevalisten Deutschlands

Zustimmung, die

Jeder Websitebesuch führt die User zuallererst dazu, sich mit etwas einverstanden zu erklären, was in Mikroschrift in langen Absätzen mit vielen Unterabteilungen und Auswahlmöglichkeiten erläutert wird. Der Effekt ist: Man liest nicht ein Wort dieses den Lesefluss massiv störenden Textblocks, stimmt an zentraler Stelle zu und ist dann auf Gedeih und Verderb den Datenschutzideen des Websitebetreibers ausgeliefert. Datenschutz führt also nicht zur Auseinandersetzung mit eben dem, sondern zu einer fortwährenden Zustimmung zu allem und jenem, das man nicht wahrnimmt, versteht und bewerten kann. Und kritische Konsumenten werden zu Jasagern, ein Bild, dem man im Grunde wirklich nie entsprechen wollte.

In der Pandemie öffneten die Menschen deutlich mehr Websites als zuvor. Und so wird es im New Normal wohl auch bleiben. Das Datenvolumen ist 2020 und 2021 massiv gestiegen, die Menge der besuchten Websites steigt entsprechend. Und jedes Mal stimmt man den Datenschutzrichtlinien zu, zumindest dann immer wieder neu, wenn man seine Cookies löscht und seine Chronik aufräumt, um nicht vollumfänglich transparent zu sein. Die Dauerzustimmung zu Regeln, die man nicht kennt und letztlich auch nicht kennen will, führt zu Abnutzungserscheinungen bei der Aufmerksamkeit für Daten und deren Schutz.

Wozu das auch führt: Während man Zuckerbergs Imperium alle, wirklich alle Daten seines Lebens zur Verfügung stellt, sorgt man sich andererseits um die Daten auf Corona-Warn-Apps, die vielleicht nicht sicher sein könnten. Während man also bei Google gefundene Produkte über Instagram teilt, um sie per auf der Website des Anbieters vorher vereinbartem Click and Collect mit Apple Pay zu bezahlen und dann mit einem über Lime gebuchten E-Roller nach Hause zu bringen, stimmt man nicht zu, dass der eigene Aufenthaltsort einem Server mitgeteilt wird, um die eigene und die Gesundheit seiner Mitbürger zu schützen.

Diese Haltung kann man und sollte man auch im New Normal überdenken. Man sollte seine Zustimmungen genau und überlegt geben oder verweigern.

Zweiwegmaske, die

Sparfüchse aufgepasst! Hier folgt ein Sonderhinweis der WHO: Chirurgische Masken, sogenannte Einwegmasken, kann man durchaus zweimal verwenden, sie werden dann zu Zweiwegmasken. Dazu legt man die einmal getragene Einmalmaske einmal eine Woche lang in einen Briefumschlag, nimmt sie dann heraus und trägt sie ein zweites Mal.

Man sollte zur Vereinfachung das Datum der Maskenverbringung auf den Umschlag notieren, so hat man denn eine Menge Umschläge und öffnet jeweils den mit dem Datum, das sieben Tage zurückliegt. Das spart Geld, vermeidet Müll und nutzt der Briefumschlagindustrie, die sicher auch schon mal bessere Tage hatte.

Das Einmaleins des guten Benehmens im New Normal

Das Virus hat Verhaltensregeln verändert, Gepflogenheiten müssen neu definiert werden. Der berühmte Freiherr von Knigge wusste noch nichts von Atemschutzmasken und Aerosolen. Er wollte, dass man miteinander einvernehmlich umgeht: Höflichkeit als Gerüst des freundlichen und korrekten Umgangs miteinander. Er trug all das zusammen, was in seiner Zeit richtig und notwendig schien, seine Ahnen aktualisierten das Regelwerk und sorgten dafür, dass auch die nachkommenden Generationen keine Gabeln in Suppen tauchten, zuerst den König und dann den Edelmann miteinander bekannt machten oder den Handkuss in Innenräumen unterließen. Aber auch hier gilt: Er und die späteren Höflichkeitsfachleute kannten keine sozialen Medien, keine digitalen Meetings, insbesondere aber konnten sie nicht absehen, wie pandemische Erkenntnisse markante Auswirkungen auf das Verhalten jedes einzelnen haben werden. Wir leben also in einer gänzlich anderen Welt als Knigge und müssen unser Benehmen dem New Normal anpassen. Deshalb nachfolgend für die Leserschaft die wesentlichen Änderungen zu vorher.

Begrüßung

Früher bewegten in einer frei zu definierenden Entfernung zwischen hinreichend distanziert und sympathisch nah zwei Menschen ihre Hände aufeinander zu, diese umschlossen sich (weder in Terminator-Heftigkeit noch so zart wie der Flügelschlag eines Zitronenfalters) und bewegten sich dann synchron einige Male auf und ab (das sogenannte Schütteln). Danach ließen sich nach kurzer Zeit die Hände wieder los.

Heute ist das anders. Denn die Hand ist nach allen vorliegenden Erkenntnissen nichts anderes als ein vollständig verseuchtes Körperteil, das von morgens bis nachts in Verbotszonen wie beispielsweise auf Türklinken, an Haltegriffen und im eigenen Gesicht unterwegs ist. Sie hat in der Nähe Fremder nichts, aber auch gar nichts verloren. Händeschütteln also ist keine Geste der Vertrauensherstellung wie anno dazumal, sondern dient allein dem Angriff des Virus. Es ist, im wahrsten Sinne des Wortes, übergriffig und hat zu unterbleiben. Auch Einmalhandschuhe bieten sich nicht als Hilfe an, deren Benutzung wirkt in diesem Kontext kühl, zudem ist dem Gegenüber dabei oft nicht sofort klar, wie lange der Handschuh schon im Einsatz ist. Ebenfalls nicht sinnvoll ist es, sich die Hände vor der Begrüßung vor den

Augen des anderen zu desinfizieren. Denn so einleuchtend es ist, den Händen kein Stelldichein mit den Bakterien und Viren auf der Hand des jeweils anderen zu erlauben, so unschön ist es, zusehen zu müssen, wie sich jemand nur für die Begrüßung durch eine Art Antivirus-Zeremonie kämpfen muss.

Die Lösung also heißt: Verzicht aufs Schütteln, dagegen denkbar ist die einfache, aber nicht zu tiefe Verbeugung, das schnelle, aber aufmerksamkeitsstarke Kopfnicken, das kurze Aufeinandertreffen der geschlossenen Fäuste (sehr männliche Variante), die Überkreuzung von Fuß und Fußfessel (noch männlicher) oder das kräftige Einschlagen auf den Rücken des anderen (am männlichsten, aber Gefahr des Bandscheibenvorfalls). Es reicht auch ein zartes Anlächeln, möglicherweise in Verbindung mit einem jugendlichen »Was geht?«, einem förmlichen »Schönen guten Tag!«, einem informellen »Na, Alter?«, einem neutralen »Hallo« oder einem zweifelnden »Echt jetzt, du hier?«.

Zur Ergänzung sei noch angemerkt, dass die beliebten Luftküsse wie zum Beispiel in der französischsprachigen Schweiz allein schon aufgrund der Nähe der Mundpartien beim Seitenwechsel genauso wenig opportun scheinen wie die schöne alpenländische Tradition des lautstarken »Berg Heil!«-Ausrufens bei der Begegnung am Gipfel des 10 000ers.

Tür aufhalten

Eine der allerletzten Knigge-Regeln, die die Jahrhunderte überdauert haben, ist nun ein echtes No-Go geworden. Es galt als höflich und angemessen, einer Dame, mit der man gemeinsam ein Gebäude, vorzugsweise ein feines Restaurant, betrat, den Aufwand der Türöffnung abzunehmen und dies zum einen selbst zu erledigen, zum anderen aber die Tür auch geöffnet zu halten, um die Dame hindurch und ihr damit auch noch den Vortritt zu lassen. Diese schlichte und schöne Benimmregel hatte sich dynamisiert und galt nun auch für alle Momente, in denen jemand direkt vor einem anderen eine Tür geöffnet hatte. Man öffnete und wartete, bis auch der andere über die Schwelle getreten war.

All diese komplexen Kompliziertheiten spielen heute keine Rolle mehr, denn das Türeaufhalten bedeutet eine unangebrachte Näheherstellung zu einer anderen Person. Was noch gehen mag, wenn diese aus einem gemeinsamen Haushalt stammt, aber nicht mehr denkbar ist, wenn sich beide Handelnden fremd sind. Der Klassiker: Man geht auf die Haustür des Mehrfamilienhauses zu, öffnet diese und jemand anders eilt im selben Moment aus etwa 120 Metern Entfernung auf genau diese Tür zu. Entweder man wartet die drei Minuten gelassen ab, bis die Person schwer atmend eng an einem vorbeiläuft, sich außer Atem röchelnd bedankt und ins Haus hineinbegibt. Fraglos ein virologischer Gesamtangriff. Oder man sieht denjenigen kommen, öffnet die Tür schnellstmöglich und sorgt dafür, dass sie so langsam ins Schloss fällt, dass sie exakt dann schließt, wenn die andere Person frustriert, ja, verärgert davor ankommt.

Anti-Virus geht vor im New Normal. Die neue Regel lautet demnach: Die Tür vor der (laufenden) Nase zuzuschlagen ist nicht nur kein Problem mehr, sondern die einzig wahre Lösung.

Husten

In Zeiten des Freiherren gab es eine feine und ausgesprochen noble Art, in eleganter Form auf sich aufmerksam zu machen: Ein leises, aber vernehmbares Räuspern richtete in den Salons der Aristokratie den Fokus auf den Räusperer. Der konnte dann etwa seine oftmals von allen schon gehörten Erinnerungen an den napoleonischen Feldzug zum Besten geben.

Was dem Manne sein Räuspern war, war der Dame das Hüsteln. Kurze, lautmalerische Einsätze mit großer Wirkung, fein, feinherb vielleicht auch hin und wieder. Aber allemal besserer Stil als das unhöfliche und eher etwas plumpe »Warum hört mir hier eigentlich keiner zu?« So oder so, räuspern und hüsteln ist letztlich nichts anderes als ein leises Husten.

Husten ist nach allen Erkenntnissen ein Warnsignal für eine Infektion mit Covid-19. Wer hustet, ist also entweder schwer krank oder aber bereit, seine Umgebung in diesen Zustand zu verfrachten. Huster sind des Virus Opfer oder Täter. Husten geht gar nicht mehr.

Das gleiche gilt fürs Niesen. Das lustige, zarte und leicht dahingeworfene »Hatschi!« Ist genauso wenig hilfreich wie das kräftige Hineinniesen oder gar -schnäuzen ins Taschentuch. Auch die Armbeuge, das sei deutlich gesagt, ist hier keine Lösung – oder nur dann, wenn man zufälligerweise bei 90 Grad waschbare Camouflage-Parkas aus altem Bundeswehrbestand trägt. Was, so darf man unterstellen, nicht sehr oft der Fall sein wird. Aber ins Seidencrêpe der Abendrobe, ins weiße Longsleeve von Supreme, ins Kaschmirjäckchen von Dior: Das alles ruiniert das Kleidungsstück, die Optik und vermittelt ebenfalls keine Sicherheit an die Umstehenden.

Es gibt nur eine Lösung: Husten und Niesen vermeiden. Es vollständig ausschließen geradezu, es also nie, einfach nie zulassen. Und wenn es auch nur ein minimales Anzeichen dafür gibt, dass es doch geschehen wird, unvermeidlich und zeitnah, dann heißt es entweder: Frühzeitig und weiträumig den Ort verlassen, an dem andere diese Tat mitbekommen könnten. Oder: pfurzen. Keine Frage, dieses Geräusch und der dazugehörige Vorgang werden nie den Status von gutem Benehmen erlangen können. Es bleibt tendenziell unappetitlich, häufig kommt ja auch Geruchsbelästigung dazu, die den unangenehmen Laut in seinem Effekt durchaus verstärken.

Dennoch, hier soll er erwähnt sein. Denn im Falle eines Falles, eines also tatsächlich vollständig unvermeidlichen Hustens oder Niesens, muss empfohlen werden, das mit einem kräftigen Pfurz zu übertönen, sodass sich das nahe Publikum zwar wortwörtlich naserümpfend und wohl auch empört, aber immerhin nicht um Wohl und Wehe sorgend abwenden wird. Es ist also eine Rettungsmaßname in höchster Not, die deshalb zu empfehlen ist.

Aus dem und in den Mantel helfen

Nach dem festlichen Dinner, dem Salonbesuch, beim Eintreten ins Opernhaus, vor dem Verlassen einer Soiree galt es in früherer Zeit für die Herren, den recht umständlichen und kaum ohne unschöne Bewegungsabläufe zu gestaltenden Akt des An- oder

Ausziehens des Mantels zu vereinfachen. Dabei galt es, die Ärmel des Kleidungsstücks in exakt der richtigen Höhe zu platzieren, um der Dame ohne Suchaktivität das Hineinschlüpfen in die Löcher zu ermöglichen.

Auch diese schöne alte Tradition kann im New Normal nicht mehr in gleicher Art vollzogen werden. Zu nah kommen sich Halter und Trägerinnen dabei, zu eng sind Hände, Körper, Gesichter miteinander aktiv, zu wenig lassen sich AHA und andere Werte darstellen. Es bleibt die Aufgabe, Mantel oder Jacke zu finden, zu holen und zu überreichen.

Masken aufsetzen

Ein gepflegtes Erscheinungsbild wird auch im New Normal seine Wirkung nicht verfehlen. Passend zum Anlass Kleidung auswählen, sich hin und wieder die Fingernägel stutzen oder auch bemalen, fein zu duften: All das macht auch im New Normal Sinn und kann zu entspannterem Umgang miteinander führen.

Dennoch wird man das alles neu sortieren müssen, die Maske ändert auch hier die Regelwerke. Noch lösbar schien es, als man glaubte, offenbar völlig unterinformiert, dass die Stoffmaske, solange sie mehrlagig gearbeitet war, vor den Aerosolen schützen kann. Es existierten Tausende von Dessins und Farben, passend zu jedem Outfit konnte man sich seine Maske aus einem breit gefächerten Sortiment aussuchen.

Doch diese schöne Zeit der Naivität ist lange vorbei, es muss die sogenannte medizinische Maske sein, die einzig den Schutz herstellt. Die aber ist wirklich sehr streng dem »Form Follows

Function«-Prinzip verpflichtet und deshalb in erster Linie schrecklich hässlich.

Wie nun mit der Maske in der Öffentlichkeit umgehen?

1. Die Maske sollte immer frisch und sauber aussehen. Noch besser: Sie sollte nicht nur so aussehen, sondern es auch sein.

2. Die Maske sollte nicht zerdrückt oder unsachgemäß gefaltet aus einer Hosentasche herausgefummelt werden.

3. Das Anbringen der Maske sollte in einer fließenden, eleganten Drehbewegung zuerst an das eine, dann ans andere Ohr angebracht werden (hier ist es ausgesprochen unproblematisch, die Reihenfolge ganz dem eigenen Gusto oder der Möglichkeit als Links- oder Rechtshänder anzupassen). Gleichzeitig sorgt man durch leichtes Zurechtrücken und Verschieben für den passenden Sitz (über Mund und Nase, ü-b-e-r, nicht darunter).

4. Das Absetzen der Maske erfolgt ebenfalls in einem durchgehenden, eleganten Schwung, dabei darf weder die Innenseite der Maske noch das Gesicht selbst mit der Hand touchiert werden. Ein strahlendes Lächeln sollte beim Verschwinden der Mundbedeckung auftauchen und den Betrachter des nun nackten Gesichts freundlich begrüßen.

5. Die gebrauchte Maske lässt sich am besten in ein dafür passendes Behältnis verbringen. Kleine Täschchen aus Plastik sind dazu sehr geeignet. Dieses dann in eine Handtasche, Jacken- oder Mantelinnentasche stecken.

6. Sollte Ihnen der fehlerhafte Sitz einer Maske bei einem Mitbürger, einer Mitbürgerin auffallen, dürfen Sie dies in

angemessener Form ansprechen. Also weniger im Stile von: »Ey, du Penner, willst du uns alle töten?«, sondern mehr in der Form einer höflichen Zuwendung: »Entschuldigen Sie bitte, wenn ich Sie einfach so anspreche. Aber ich möchte Ihnen Kenntnis geben darüber, dass Ihre FFP2-Schutzmaske nur noch an einer Schlaufe unter Ihrem Kinn baumelt und von daher der eigentliche Nutzen des Gebrauchs dieser Maske weder für Sie selbst noch für andere, zum Beispiel mich, zum Tragen kommt. Vielleicht darf ich Ihnen eine noch funktionsfähige aus meinem Bestand anbieten?« In so ausgesprochen höflichem Tonfall vorgetragene Vorschläge verfehlen ihre Wirkung in der Regel nicht.

Grußformel

Früher beendete man Briefe mit sehr schwungvollen und ehrerbietigen abschließenden Worten. »Euer wohlgeborener ergebenster Diener«: So versuchte man gerade an der bedeutenden Beendigung des Schreibens noch einmal jede nur denkbare Höflichkeit aufblitzen zu lassen. Späterhin entwickelte sich daraus immerhin noch »Hochachtungsvoll«. Neu etabliert hat sich nun aber in jüngerer Vergangenheit eine Formulierung, die vor der Pandemie nicht denkbar gewesen wäre. Aus »Mit allerbesten und sehr herzlichen Grüßen« wurde »Bleiben Sie gesund«.

Auch im New Normal wird dieser Abschied nun nutzbar sein, zuvor wäre er sicher als übergriffig und unverhältnismäßig bewertet worden. Der so Angesprochene hätte sich gedacht: Gesund? Wieso? Sehe ich krank aus? Habe ich jemanden angesteckt? Immerhin, hätte er gedacht, das »Bleiben« spricht ja dafür, dass der Grüßende mich im Moment für gesund hält, sonst würde er ja schreiben: »Werden Sie gesund!« Mit oder ohne akuter gesundheitlicher Bedrohung ist dennoch das simple »Alles Gute!« allein schon deshalb besser geeignet, weil es umfassend formuliert ist und damit die Gesundheit mit meint.

Die Deutsche Gesellschaft für Sprache schlägt noch »Bleiben Sie schön negativ!« vor. Diese zarte Ironie könnte man jedoch missverstehen und sollte deshalb vermieden werden.

Vollkommen ungeeignet bleiben Abkürzungen wie »LG« oder »MfG«. Wer nicht einmal genug Zeit hat, den anderen ordentlich zu verabschieden, sollte gar nicht erst schreiben. Das Signal ist einzig, gehetzt zu sein und seine Prioritäten anderswo zu setzen. Abgesehen davon lässt sich »Bleiben Sie gesund« nicht gut abkürzen: »BSG«, das erinnert doch sehr an die Blutsenkungsgeschwindigkeit oder das Bundessozialgericht. Und damit sollte kein persönliches Schreiben enden ...

Warten

Die Bevölkerung steht an, wie schon immer an der Kasse oder beim Eintritt in den Club, nun aber auch vor dem Restaurant, der Modeboutique oder in der Holzabteilung des Baumarkts. Hier gilt es, höflich, aufmerksam und beflissen ans Stehen zu gehen. Der Mindestabstand ist in der Regel durch aufgeklebte Linien auf dem Boden definiert. Daran sollte man sich unbedingt akkurat halten. Freundliche Blicke über den Maskenrand lassen Sie mit den anderen Stehern wortlos kommunizieren.

Hinterleute, die den Sinn der Bodenmarkierungen offenbar nicht verstanden haben, macht man mit einem zarten »Achtung!« auf den kleinen Fehler aufmerksam. Vorderleute, die nicht weitergehen, obwohl genügend Platz da wäre, weist man mit einem neckischen »Es geht weiter!« auf diese Tatsache hin. Auf die Menschen, die nur eine Dose Bier bezahlen möchten, wohingegen Sie Ihre Dreimonatsversorgung für Ihren Sieben-Köpfe-Haushalt auf drei Einkaufswagen verteilt haben, und die fragen, ob Sie denn nach vorne dürften, können Sie mit einem verbindlichen Kopfschütteln und dem Verweis auf eines der vielen aufgestellten Schilder zur Abstandsregelung in Ihrem Umfeld nach hinten schicken und so auf die Nichtumsetzbarkeit dieser Anfrage hinweisen.

Die Schlange an sich verlangt einen ruhigen und geduldigen Grundcharakter. Frisch ans Ende gestellt, nicht wissend, was genau die gerade geltende Einlassregel erlaubt (fünf, zehn, 20 oder 100 Quadratmeter Fläche pro Gast, Kunde oder Besucher?), erhofft man natürlich baldige Bewegung, Abbau also der Menge der vor einem Stehenden. Nicht zufriedenstellende Geschwindigkeit dieses Vorgangs aber sollte nicht zu lautstarken Nachfragen oder gar Aufforderungen führen. Schlangestehen bedeutet Räson.

Benehmen in Onlinemeetings

⚐ Sorgen Sie bei Onlinemeetings für einen ansprechenden, geschmackvollen und ruhigen Hintergrund wie eine freie Wand, ein gut gefülltes Bücherregal oder ein Gemälde mit klassischer Landschaftsmalerei. Weniger geeignet ist die VHS-Sexfilm-Sammlung, der Küchenabfallkomposter oder gesammelte Steckbriefe aus der RAF-Zeit.

☞ Wählt man ein virtuell eingespieltes Hintergrundbild, bitte keine alle ablenkenden Malediven, auch selbstgemachte Bilder vom Karneval 2019 lassen Sie wenig professionell wirken, Selfies oder Familienfotos geben auch keinen konzentrierten Eindruck von Ihnen wieder. Halten Sie es sachlich!

☞ Sollten Sie während des Digitalmeetings mal die Waschräume aufsuchen müssen, ist ein kräftiges »Ich muss mal aufs Klo, okay?« eher keine geeignete Form des Abschieds. Es reicht ein vorsichtiges Nicken mit leicht schräg gehaltenem Kopf, um zu signalisieren, dass Sie sich kurz in eine bestimmte Richtung entfernen wollen. Mag sein, dass das nicht sofort jeder versteht, aber dieses kleine Missverständnis ist weniger problematisch als eine völlige Klarheit, die in nicht adäquater Form zum Ausdruck kommt.

☞ Auch wenn das Schnäuzen der Nase für die anderen Digitalkollegen keine Gesundheitsgefährdung darstellt, sollte es dennoch, wie üblich, zur Seite, weg vom Bildschirm vorgenommen werden. Denken Sie daran, dass das Mikro auf Mund- und Nasen-Höhe sitzt! Auch eine anschließend leicht befleckte Kameralinse verschlechtert Ihre Sichtbarkeit und den guten Eindruck von Ihnen. Noch besser: Mikro kurz stumm schalten.

☞ Verzichten Sie auch auf das parallele Lesen von Nachrichten auf Ihrem mobilen Device. Hämisches Grinsen, bellendes Gelächter, Wutschnauben oder ein geilglasiger Blick machen Zuhörern und Zuschauern zu klar, dass Sie zum einen abgelenkt sind und zum anderen offenbar eine gänzlich andere Persönlichkeit im Digitalmeeting darzustellen versuchen.

⇱ Ebenfalls nicht empfehlenswert sind Maniküre oder Pediküre während des Meetings. Beides beweist zwar Ihre zeiteffiziente Organisationsqualität, was durchaus Respekt auslöst, gibt aber den Anwesenden doch ein wenig zu intensiv Einblick in Ihre Privatsphäre. Die Knack-Geräusche des Nagelklippers sind außerdem genauso störend wie das Säbeln der Nagelfeile.

Digitale Kommunikation

Bitte entscheiden Sie gut, ob und wenn ja (also immer), wo Sie Ihre digitalen Spuren hinterlassen möchten. Ein schneller Check:

⇱ Facebook:
Total out und nur was für die Altersgruppe Ü70, lassen Sie es lieber!

⇱ Instagram:
Inhaltslose Bilderflut, Sie haben offenbar nichts zu sagen.

⇱ TikTok:
Peinliche Videos von Kindern für Kinder, passt nicht zu Ihnen.

⇱ Clubhouse:
Keine Bilder, nur wilde Rumquatscherei. Hören Sie lieber Deutschlandfunk!

☞ Telegram:

So viele Verschwörer, Spione, Rechte. Sind Sie da richtig?

☞ Whatsapp:

Alle haben die Gruppe verlassen, Sie hoffentlich auch.

☞ Tinder:

Wisch und weg: das soll ihr weg zum Glück sein?

☞ LinkedIn:

Wer dafür Zeit hat, hat offenbar zu wenig zu tun. Geben Sie sich woanders Mühe.

☞ Xing:

Sie meinen LinkedIn, oder?

☞ SMS:

Technologie, als Siemens noch Handys gebaut hat. Ideal für Frührentner.

Ansonsten: Gehen Sie raus an die frische Luft. Gehen Sie direkt dorthin, nicht über Los, und lassen Sie Ihre Devices zu Hause.

Über den Autor

Markus Gerhard, Mitte 50, ist gelernter Buchhändler. Schon immer trug er gerne Masken, seine Kinderhelden waren Zorro, Alice Cooper und Jacques Cousteau. Er lebt mit seiner Frau in der Nähe vom einstigen Hotspot Offenbach, war noch immer nicht in Quarantäne, ist doppelgeimpft, Luca-Nutzer und plant seinen nächsten Urlaub sicherheitshalber erst für den Herbst 2022. Er betreibt keine Website und hat auch keinen Insta-Channel.